曲家瑞

誰說我沒有影響力

推薦序

曲老師的自畫像

作家 王文華

曲老師在申請大學時，畫了一幅自畫像，她說：

「有別於一般會把自畫像畫得美美的……我不修邊幅的外表和感到極度滿足的內在，呈現一種非常強烈的對比，我意識到這麼瘋狂的自己，應該值得記錄下來，再沒有第二個這樣的我了！」

這本書，就是這種風格的自畫像。

Kristy 用自己在美國念高中、大學，和在台灣教書、上電視的故事，說明「做自己」是多麼困難，也多麼美好。

困難，因為「做自己」的障礙其實不是「自己」，而是「別人」。我們都是因為害怕別人的眼光，才不敢做自己。

美好，在於突破了別人的眼光，人生無限寬廣。她說了一個八十歲再婚、環遊世界的故事，令人血脈賁張。

做自己，不代表一意孤行。而是憑著熱情、直覺、努力，和貴人相助，找到自己的方向。大學時一位貴人指點，讓 Kristy 決定：

「試著調整過去那個膚淺、浮躁、注重表象，卻忽略心靈層面的自己，學著拋開很多虛假的，如塑膠一般人工的顏色，我想要挖掘更深層、更真誠的自我，於是開始大量創作這類風格的作品。」

啊！原來這才是，真正的「做自己」。

推薦序

溫柔的旋風，巨大的影響力

作家・廣播主持人 **吳若權**

華人圈最具自我創意風格的曲家瑞老師終於又要出版新書了！據我所知，《誰說我沒有影響力》這本新書醞釀已久，而且籌備多時。每次見面，我都要催促問她：「完成了沒有？」直到閱讀書稿之後，我才知道這真是她的嘔心瀝血之作！將她生命中最深刻的成長經驗，無論是挫折或榮耀，都真誠地攤開來和喜歡她的讀者分享。

曲家瑞老師常勉勵年輕朋友要「做自己」，但她也深知要「做自己」並不容易，必須要穿越許多迷惘的歲月，一路跌跌撞撞，即使別人不看好，都還要堅持下去。她用自己的人生經驗，為「做自己」下了最真實的註解，也勇敢地跨越不同領域，透過教學、電視節目、廣播等媒體檢視，讓大家一起印證她是否真正地能夠「做自己」！

和曲家瑞老師在中廣《媒事來哈啦》節目合作超過十年，她是我節目星期五的固定嘉賓，這個節目同時透過微博的網路平台，以影音同步方式播送到全世界，並在《媒事來哈啦影音頻道》（http://www.fbwebshow.com）24小時隨機點選播放，她在每一集的節目中奮力哭哭笑笑、說說唱唱，掏心掏肺、真性真情，分享她最真實的人生，發揮獨特的影響力！

對我來說，她是一股溫柔的旋風，藏著巨大的影響力。現在就請你翻開這本書，感受她的威力，幸福地接受她的影響力！

推薦序

誰說曲老師沒有影響力

作家・節目主持人 蔡康永

一直以來曲家瑞給年輕朋友的影響力，就是「做自己」，是眉飛色舞、生趣盎然的那一種，而不是臭著一張臉、孤芳自賞的。她太有資格代言這樣的「做自己」了！誰說曲老師沒有影響力。

自序

每個人都有影響力

你覺得自己很渺小嗎？認為自己一點都不重要嗎？以為自己根本對這個世界沒影響嗎？最近有一件事，讓我再次體會到，每個人都有影響力，而且，影響力發生時，常常連當事人也不知道。

前一陣子，我南下到一所中部的大學演講，會後我準備去搭高鐵，突然有個男孩子衝到計程車旁，拍著車窗說有東西要給我。雖然時間有點趕，但我很好奇，想看看是什麼？

這個年輕的男孩子告訴我，有一天在大學宿舍一邊吃飯一邊看《康熙來了》，那集的內容是我為藝人們裸體創作。結果看著看著，他突然有股想要畫畫的強烈渴望，接著二話不說，就衝進房間、拿了紙筆，回到電視機前脫了褲子，看著自己的身體，當下就開始畫了起來。而他要送我的，就是那天完成的

畫作。

我從袋子中小心翼翼地抽出畫作，起初還有點擔心，沒想到他的作品讓人驚豔，連我自己都忍不住大呼好棒！眼前這個男學生怯怯地對我說：「謝謝曲老師，是妳給了我動力去嘗試我之前沒有想過可以去做的事，讓我的人生有了大翻轉！所以我一定要把這幅畫送給妳！」

之後我和經紀公司老闆閒聊，他提到想製作一個前所未有的網路節目，因為我是藝術家，又在學校教書，所以也許可以做些有關行為藝術、集體創作的內容。我跟他提這個男學生的事，沒想到他一聽簡直 high 翻了，我們就這樣激盪出一個節目的點子！

隔週上課時，我把這個男孩子的作品帶去學校給學生欣賞，並且告訴他們這幅作品的由來和背後的故事。我問有沒有人也想嘗試這樣的主題，結果原本很熱鬧的教室，突然安靜下來。等了好幾分鐘，好不容易才有一個學生舉手報名。

但我萬萬沒想到，等到真正要畫的那天，竟然來了二十幾個學生。於是借了兩間教室，讓男生、女生分別在不同的教室裡現場創作，最後完成的作品，每一幅都超棒！參與的同學們還激發出許多靈感，想到許多有趣的主題，可以作為日後繼續集體創作的點子，大家都覺得這真是一個難忘的經驗。

我並不知道自己如何影響了那個送我畫的男學生，讓他拾起畫筆，記錄赤裸的自己。也不了解他的人生為什麼因我而有了大翻轉，不過，一定是我說的某些話，或是做的某件事，給了他一些啟發或鼓勵，讓這個看起來有點怯懦的男孩子，決定做出一些突破。很妙的是，這個男學生一定也沒有想到，他單純以熱情畫出來的作品，竟然發揮了那麼大的影響力，就像是骨牌效應一樣，激發一個又一個新點子，為許多創作者帶來靈感。

去影響別人，是一件很重要也很棒的事，千萬不要以為自己沒有影響力！那個小男生雖然是受到我的影響，卻也影響了我，最後進而影響了更多人，甚至於我的學生，現在，可能也會影響我的讀者。

這件事情讓我想到，一直以來都覺得自己不是很出色的人，從小到大，無論在家裡、在學校，在各個不同的團體中，我從來不是最受矚目、最優秀的那一位。沒有自信的我，總覺得自己不夠好，更別說要發揮什麼影響力去影響別人了。但是在尋找自我、肯定自己、做自己的過程中，許多事情開始產生了化學變化。現在的我開始深深相信，即使是再微不足道、再平凡無奇的人，都有影響力，都可能在某些關鍵時刻展現驚人的能量。

十幾歲、二十幾歲，或是三十幾歲的你們，也許覺得自己普通到了極點，好像對任何人或這個世界起不了什麼作用，請不要再用這樣的角度看自己，你們一定要相信自己是個有影響力的人，在你不知道的過去或未來，一定對某個人以及這個世界帶來影響，產生意義。這也是我寫這本書，最想跟你們分享的。

Kristy 曲家瑤

C O N T E N T S

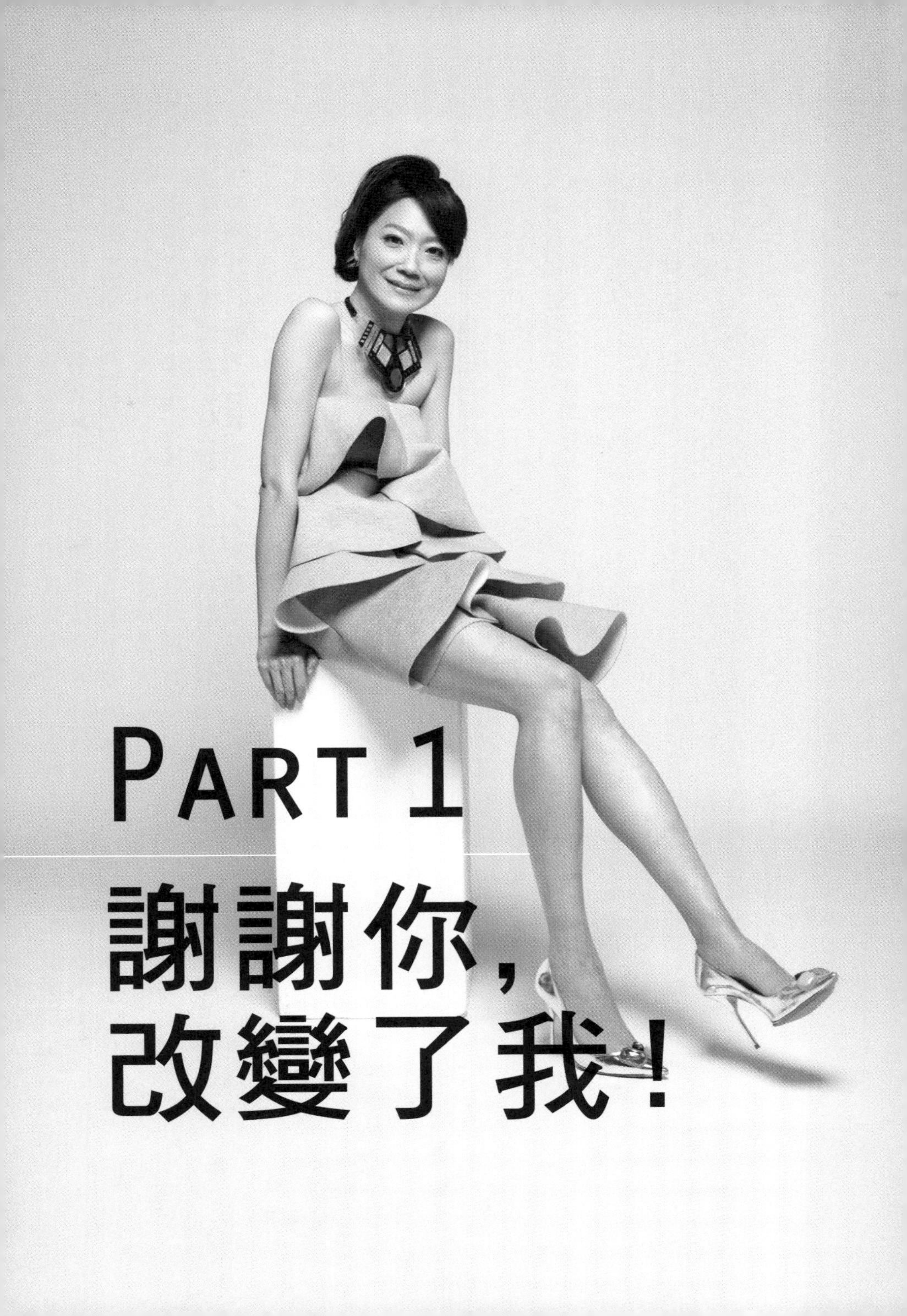

PART 1
謝謝你，改變了我！

失敗是人生必需品

失敗能瞬間擊垮你的信念，也能夠幫助你認定自己的熱情所在！現在，考驗來了，請拭目以待。

無論你來自什麼樣的家庭，有什麼樣的生活背景，實踐自我、成就自我的人生過程中，一定會經歷各種失敗與挫折。失敗並不是一件壞事，反而像是一個提醒，告訴我們「還不夠成熟」、「還不是時候」、「方向不對」、「方法不對」……經由失敗的累積，可以幫助我們糾正錯誤，找到對的時機、正確的方向、適當的方法，進而達到目標，獲得成功，可以說，失敗是人生必需品！

在這裡，我想分享一個從來沒對外公開的失敗經驗，對我來說，直到那件事情發生十年之後，我才稍稍可以釋懷，這個經驗，就是當年申請耶魯大學藝術學院研究所，結果卻沒有錄取的往事。

申請研究所的第一階段是書面審查，我把所有作品集都寄去耶魯，很順利地通過第一階段的甄試；收到校方通知我參加第二階段面試時，我覺得勝券在握，胸有成竹，所以面試當天，只帶了升大四那一年暑假參加耶魯暑期班時，耶魯的老師要我自廢武功，打掉重練，放棄既有風格，畫出的那些較為灰暗的作品，至於大一到大三的作品則一件都沒帶。

那些灰暗派的畫作都相當巨大，我還清楚記得當時帶著這些畫作去面試的時候，自己真是得意極了，心想：瞧，我完全拋開過去那個表象的自己！真的做到了深刻地挖掘自己的內在！

沒有想到，當評選的教授們走進教室時，個個都露出疑惑的表情，他們問我：「妳當時寄來的作品集裡不是有相當多不同類型的作品嗎？為什麼今天只帶了其中一種？妳認為這是最能代表妳的嗎？」

「對啊。我覺得這一系列的作品最能代表現在的我，希望未來也能繼續朝這個方向發展。」

所有的教授們聽完我的回答之後，就沒有再問任何問題，那一刻，我忽然意識到，我可能做錯了，沒有把所有的作品都帶來是個錯誤，萬一沒有錄取，那一切都完了！

事實上，耶魯暑期班的老師要我把原有的技巧和風格都忘掉，為我開啟了一段新的旅程，只是我以為這段旅程就是為期六週的暑期班，卻不知道我只是踏上這趟旅程的一小段，距離到達終點，還有漫長的路要走，耶魯暑期班的老師只陪伴我走了一小段，之後的旅程我必須獨自完成。也就是說，申請研究所時我帶去的那些灰暗畫作，其實根本只是半成品，難怪評審老師會有那樣的反應。

DELPHICA

不久之後，我收到耶魯藝術研究所的通知信，果然，我沒有被錄取。那是我人生中第一次收到拒絕信，對於二十二歲意氣風發的自己，這個挫敗無疑是人生中一個重大的打擊。

原本以為考上耶魯暑期班，幾乎就代表一定可以進入耶魯大學研究所，爸媽還送了我一件貴重的皮衣當作禮物，全家人提前去了一趟迪士尼樂園好好慶祝了幾天。當時的我，整個人生好像都只為了就讀耶魯研究所做準備，結果竟然意外落榜，讓我整個人錯愕不已，也完全無法接受。

從上大學開始，我就以進耶魯研究所為目標，因此在我升大四前的那個暑假，獲得全額獎學金進入耶魯暑期班後，對於自己接下來申請進入他們的研究所，有十足的把握。想不到老天爺讓我跌了一跤，對於當時在校廣受矚目，全家人都認定會進耶魯的我來說，這個打擊就好像否定我大學的所有努力，幾乎是世界末日來臨一樣。

我住宿的地方到耶魯大學必須搭三小時的火車，收到拒絕信後，我還特地去了一趟耶魯，想找老師們問清楚原因，我在火車上哭得唏哩嘩啦，想著過去幾年，我究竟是為了什麼而努力？結果愈想愈傷心，來回就這麼在車上哭了六個小時。

後來 Cooper Union 的老師們知道我沒能申請到耶魯，也很驚訝，甚至在我面前難過得哭了，建議我要不要考慮再試一年，或是可以直接推薦我進入德國杜塞道夫藝術大學。

我一心一意只想上耶魯，對那些邀請我去面試的其他學校一概不理，但在得知耶魯沒有錄取之後，我趕緊聯繫其他學校，密西根大學立即提供我高額獎學金，哥倫比亞大學也頻頻向我招手，後來我進入哥大藝術研究所就讀。

現在想想，當時沒有被耶魯錄取，也未必是壞事。

走過那段惶惶不安的時期，我經歷了「否定自己」的過程，推翻掉所有的自己，對我來說，這是一件很艱難的事情，當時的我一度無法接受事實，還曾經責怪耶魯暑期班的老師，認為是他害了我。

但是事後再想，一切都是自己的決定，是我自己決定要改變畫風，也是我自己決定要留下來的，當截然不同的兩條人生道路在眼前展開時，選擇哪一條路才是對的，根本沒有人能知道，責怪別人，只是想逃避自己的責任。

身為老師，每當有學生問起如何準備作品集的時候，我都會提醒他們在申請任何學校時，要盡量展現自己的才華，絕對不能只交出一種作品，特別是藝術科系，因為注重一個人的可塑性，所以愈是多元的風格，愈有無限的可能。

不過，藝術是很主觀的事，其實即使當年我帶齊了所有的作品，也不表示我就一定會被錄取，人生有很多事是無法預料的，很可能找不到理由，沒有原因，唯一能做的就是面對結果，接受事實，不論滿意與否，都要想辦法往前進。

被耶魯拒絕後的十年間，我一直背負著失敗的挫折感，根本完全無法和任何人提及這件事，但是現在的我再想起當年的挫折，卻很慶幸自己在二十幾歲時，歷經了那場大失敗，讓我知道自己的能耐，學會和現實妥協，學習調適自己，我的動力與熱情也在那個瞬間被激發出來，讓我燃起再試一次的勇氣！

我如果年輕時就一帆風順，都沒有遇過什麼挫折，直到四十多歲才初次面對大失敗的話，很可能會從此一蹶不振，就沒有你們現在看到的曲家瑞了！

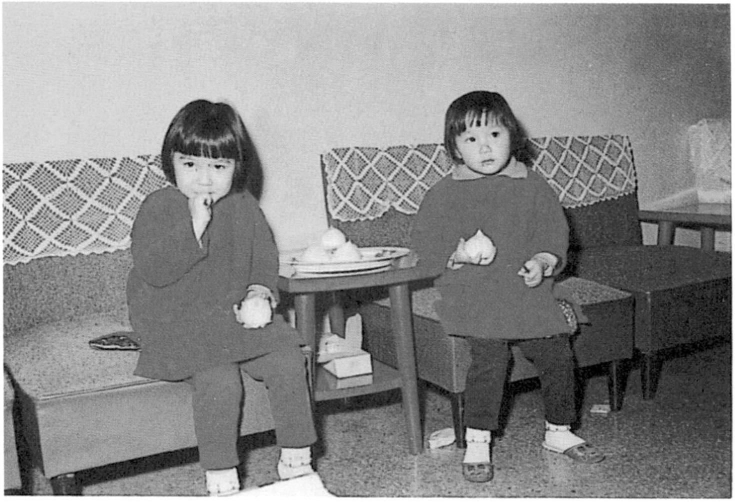

B咖也能成為最後贏家

一步一腳印，持續朝著目標努力，哪怕只是B咖，都能造就A咖人生。

Cooper Union在美國，除了聲譽卓著，更因為四年學費全免，所以吸引許多原本可以進入常春藤名校的學生前來就讀，這些頂尖的學生幾乎每一個科目的成績都相當優異，相較之下，我好像只有美術可以與他們匹敵。

那時好不容易考上Cooper Union的我，自信滿滿，意氣風發，完全沒有意識到周遭同學是多麼的優秀。第一學期結束，成績單上不是B就是C，我還以為這是名校老師向來的給分標準，對於自己能拿到這樣的成績還沾沾自喜，打電話回台灣跟爸爸報告。

沒想到搭電梯時旁邊同學正拿著成績單在看，我偷瞄了一下，突然發現同學的成績單上不是A就是A＋，把我嚇了一大跳，頓時像洩了氣的皮球一樣，整個人呈現呆滯狀態，心想：天啊！這所學校的老師們都瘋了嗎？我這麼優秀，成績怎會跟其他人差這麼多？那堂課我根本無法靜下心聽講，等不到下課，就立刻拿著成績單衝去找輔導老師。

「老師，你是不是算錯成績了？為什麼大家都拿A或A＋，最差的也有A－，但我的成績單上卻都是B和C，甚至還有D。」

「妳對成績有什麼問題嗎？」

「我每堂課都有出席，也都準時交作業，不懂為什麼自己連一個A都沒拿到，而且老師不是也常常讚美我，說我的圖畫得很好嗎？」

「Kristy，妳知道嗎？全校總共有三百多個美術系的學生，這些學生畢業五年、十年，或是十五年之後，會繼續留在這個領域的人，其實不到百分之一。」

「所以呢？老師說的話跟我的成績有什麼關係呢？」我不了解老師說這句話的用意。

「其實那些在畢業多年後，還繼續留在這個領域的人，有很多在學校讀書時，都是拿B的學生喔。」

「不可能吧？那些拿A的學生，才是最優秀、最有可能一直留在這個領域的人呀，拿B的學生成績這麼差，以後也很難受到肯定，應該早早就轉業去了吧！」我對老師的話不以為然。

「那些總是拿A的學生，學業樣樣都行，所以畢業後，反而會想嘗試其

他不同的行業；反觀那些拿Ｂ的學生，卻因為自己的成績沒那麼好，心裡覺得不服氣，因此會一直努力求進步，所以最後留在這個領域的，多數都是讀書時拿Ｂ的學生。」老師耐心地跟我解釋。

老師接著又說：「妳知道嗎，二十年前，我和妳一樣，也是一個只拿Ｂ的學生，不一樣的是，我可沒有Ｃ跟Ｄ。二十年之後，我不僅繼續繪畫創作，成為一個專職的藝術家，而且還當上這個領域的老師，培育出更多藝術新秀，妳覺得眼前的成績有那麼重要嗎？」

聽到老師這麼說，我起先愣了一

下，不過再想，無論成績是Ａ或Ｂ或Ｃ，每個學生都有他自己的路可以走，成績並不能決定一個人的未來，而且也不必去和別人比較，我當下就告訴自己，老師二十年前也是拿Ｂ，如果我要跟他一樣，我應該以拿Ｂ為榮。

聽完老師的話之後，我對自己一個Ａ也沒有的成績單完全釋懷，不再那麼在意成績這件事，回到教室，見到那些拿Ａ或Ａ＋的同學在高談闊論，心裡根本不羨慕，因為我知道，二十年後，這些學生很可能不會留在這個領域！

從那個時候起，我就不再斤斤計較各種考試成績或是作業分數，也不會陷入和同學們的輸贏競爭裡，我開始學著把眼光放遠，不去執著於和身邊的人無止境地比較！沒想到成績反而有了起色。

而當年輔導老師的話真的應驗了，其中有好幾個成績超好，每個學期都拿全Ａ的同學，畢業後就陸續離開藝術領域，轉而從事其他行業，賺錢去了。

理想也有「使用期限」

理想給人無限希望，亦如幻影般稍縱即逝，如果努力付出還沒有結果，就該考慮換條路走。

夢的開始，往往燦爛耀眼，讓人充滿力量，可是很多人在做夢的同時，不是缺乏行動，就是行動之後，也因為種種因素無法實現理想，驀然回首，才發現年華已經老去。所以，一個人為自己的理想奮鬥，需要設一個底限。

大學時有位對我影響甚深的老師，曾經說過一個「十五年理論」。他說，每個人都應該試著給自己一個底限，當你為了一個目標奮鬥了五年，卻沒有結果，你可以再給自己五年的時間；當你為了一個目標奮鬥了十年，仍然沒有成績，你可以再給自己五年；但是，如果第三個五年也過去了，還是一事無成，這時候，你也許真的應該考慮換另一條路走，千萬不要戀棧。

我覺得這個建議既能考慮現實，也能兼顧理想。

研究所畢業之後，我在紐約一待就是七年，但是七年間我幾乎是停頓的，直到後來被迫回到台灣，才驚覺自己畢業至今原地踏步。我突然想起那位老師的「十五

年理論」，當我想起老師的提醒時，距離大學畢業已經過了十一年，只剩下四年的時間，就到了老師「理想使用期限」的「十五年」，而我對未來還是感到茫然。那個當下，我告訴自己，一定要盡快實踐自己的理想，而且要以雙倍，甚至是三倍的腳步趕進度。

回到台灣沒多久，我進入大學教書。雖然剛開始的時候，並不確定自己是不是真的喜歡教職，但是既然要當老師，我就全心投入，沒想到就這麼一直走到現在。在學校教了五年之後，我的確做出一些成績，除了第七年當上系主任，三年之後，又受聘擔任研究所所長，同時，教學期間我仍然持續創作，並參加國家舉辦的大型公共藝術獎競賽，作品獲選為當屆的典藏品之一，此外，也受邀在國內外舉辦多次展覽。

我還記得，當年在萬般不得已的情況下從美國搬回台灣，我一直以為這只是暫時的安排，總覺得很快又要離開，所以那些從美國打包運回台灣的行李，我一直不願意拆箱。直到在台灣待了五年後，某一天，我突然意識到自己在不知不覺中，早已完全融入這裡。那一刻，我才決定打開當年從美國運回來被收進倉庫的家當，告訴自己：「從今以後，我要留在這裡，耕耘這塊土地，並貢獻所學。」

不過，我想當年老師之所以對還在求學的我們提出「十五年理論」，一個很大的原因，或許是要我們在追求自己理想的過程中，不能一味地衝，必須正視所謂的「理想」，是不是真的能夠在我們的手上開花結果，如果只是不切實際的想像，卻對實現「理想」必須有的能力與條件視而不見，盲目投入一生的時間和精力，結果非但可能一事無成，甚至還浪費了生命。

三歲起我就開始學鋼琴，比起其他同年齡的小孩，我的鋼琴算是彈得很不錯。從三歲學到小學四年級，學鋼琴的第一個五年，我的表現讓老師驚為天人，加上家裡的其他孩子功課都很好，我的成績總是不如他們，只有彈琴這件事，我比起姊妹和弟弟表現更為出色。我還記得，小學的時候，每次發成績單，看到自己又考壞了，回到家我就乖乖練琴，所以我媽每次聽到我

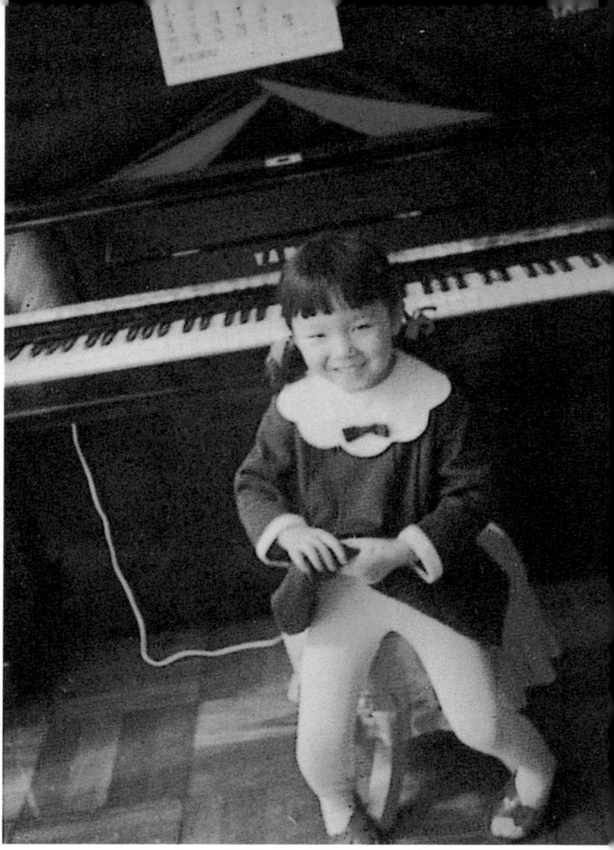

在練琴，沒有搶著看電視，就知道學校又發成績單了。

升上國中後，因為課業繁重，彈琴的時間少了很多，但由於許多教過我鋼琴的老師都認為我有音樂天分，所以父母覺得我可以走鋼琴這條路。出國念書後，我爸媽還是執意要我繼續學琴，一心一意要我報考全美第一的茱莉亞音樂學院大學先修班。

經過推薦，爸媽帶著我去找一位任教於茱莉亞音樂學院的老師，這位老師聽了我彈琴，就知道比起她在學校教的那些全世界頂尖的學生，我還差一大截。聽到老師這樣講，我暗暗高興，心裡想著終於可以不用繼續練琴了。

許多。高三畢業前，我已經申請到大學繪畫科系的全額獎學金，但我的音樂路卻還有很多不確定，我在曼哈頓音樂學院的指導老師留意到我有一對敏銳的耳朵，她認為我如果再苦練一年，也許可以朝著專業指揮的路前進。

如果我選擇成為專業指揮，那將是另一條充滿未知的漫漫長路，但是在繪畫上我已經展現優越的天分，獲得很不錯的成績。因此，最後我選擇了繪畫做為我大學的主修，放棄了從小父母刻意栽培，從三歲開始學的鋼琴。很巧合的，我剛好彈了十五年，在努力了這麼久之後，種種跡象都顯示，畫畫才是我的天命所在，也因此，我選擇了繪畫。

夢想可以帶給人無限希望，但亦如夢幻泡影般稍縱即逝，為了自己的理想努力付出，如果已經埋首十五年，卻還沒有結果，也許應該考慮換一條路走，才是踏實的做法。雖然我鼓勵大家要勇於追求夢想，但也提醒每個人要築夢踏實，不要陷在夢想的泥淖中，不去認清事實。人在三十幾歲的時候還可以多方嘗試，到了四十歲，則要有清楚的自覺，才能在自己的專業領域中累積足夠的能量，好好站穩。

如果把人生比喻成種樹，二十歲正值摸索確認自己究竟是什麼樣的種子，想像要成為什麼樣的花，長成什麼樣的樹；三十歲則是四處尋找適合生長，確定可以生根的環境，等待發芽的時機；四十歲時，樹苗應該已經要長大，可以全心全地好好維護、好好栽培，等待樹的成長茁壯。如此一來，到了五十歲的時候，大樹才會枝繁葉茂，開花結果，得以享受美麗的花朵和豐饒的果實。六十歲一到，便能開枝散葉，成為自己專業領域裡的權威，讓別人到樹下乘涼，發揮力量回饋社會。

永遠做一流的自己

無論去到哪裡，都要用一流的態度，做一流的努力。

我剛來實踐大學教書的時候，創辦人謝東閔還在世。我還記得教書第一年，參加全校教職員年度大會，創辦人和我們分享了一個故事。

創辦人說，幾個月前，他參加了一場全國大專院校教師的教學研習營，會場裡有許多教授。活動結束後的茶會，他主動和大家握手打招呼，創辦人看到這些年輕的老師就上前請他們自我介紹，每個老師都報上自己任教的學校，其中不乏台大、政大、成大、清大等一流學府，但是卻有一位老師支支吾吾的不肯說，創辦人問他為什麼？他只淡淡地回應：「我們學校沒有名，沒什麼好提的，可以直接跳過我。」於是創辦人也就沒再多問。

沒想到一個月後，創辦人竟然在實踐的校園裡遇見這位不肯說出自己任教學校的老師。創辦人立刻上前請問他：「研討會當天你為什麼不願意說出你的學校呢？」沒想到那位老師竟然回答，因為在場的人都在很好的大學教書，所以他不好意思說。

當時，我也才從美國回來，剛到實踐任教，對於台灣學校的好壞完全沒有任何想法，聽了這個故事，我心裡很激動，整個人氣到差點沒飆髒話，居然有人以自己的學校為恥，對此我感到不可思議。

從那一刻起，我就在心裡告訴自己，我要把過去所學、所看，最好的帶給我的學生，唯有讓他們相信自己是最棒的，才能將第一流的自己展現出來，回饋給老師和學校。而且我要大聲地告訴別人我在實踐教書，更要我的學生以實踐為榮，不管別人怎麼看待這所學校，實踐在我心裡都是最好的學校，我也要把自己最好的部分奉獻出來（十七年後的今天，我要很驕傲地告訴你們，實踐大學設計學院獲選為二〇一四年世界前三十大設計學校的殊榮）。

我常常在路邊被年輕人攔下拍照，每當我問他們讀什麼學校時，得到的回應經常是：「我們學校很爛」、「我們學校沒有名啦」、「曲老師一定沒聽過啦」等等，不過無論如何，我還是堅持要他們報上學校的名字，鼓勵他們抬頭挺胸做自己（自我認同是多麼地重要）。

很多人認為自己服務的公司很小，所以在工作上就不願意付出百分之百的心力。但是我認為這種態度根本是大錯特錯！無論我們待在什麼樣的環境，都應該盡心付出。相較於把一個本來就很成功的事業做好，我認為把一個原本不被看好的事情做到成功，才是更加了不起的事！

也許你現在所處的環境，讓你覺得有點委屈，因為人生並不會永遠如你所期待，總是可以站到最頂尖的位置、去到一流的地方。但即使待在一個不如你預期的環境，也不表示你的人生沒了希望。你今天沒有考上自己的第一志願，沒有進入一流的公司，也不能敷衍應付，因為所有的過程，都是一種累積。

與其一直自怨自艾，覺得自己龍困淺灘、懷才不遇，不如看清自己的環境，好好運用身邊有的資源，培養自己成為無論在哪裡都能夠有所發揮的人，這樣一來，不管去到什麼地方，你都會是一個佼佼者。

我剛去美國的時候，一直覺得自己的琴彈得不好，是因為鋼琴不好，所以央求爸媽給我換琴，禁不起我再三要求，爸媽給我買了最好的史坦威鋼琴，結果我的琴藝並沒有因為換了鋼琴而如我預期一樣地進步。好幾年之後，我才明白，好的工具雖然很重要，但個人的功夫深淺才是重點。如果是一流的樂手，即使是最普通的琴，也可以彈出感動人的樂音。就像打麻將一樣，真正打得好的人，並不是拿到一手好牌的人，而是無論拿到什麼牌，都能夠把手上的牌打到最好的可能的人。

這幾年在娛樂圈，我接觸過許多一線主持人。這些之所以能夠獨當一面，獲得觀眾支持，節目不但創下理想收視率，還能經得起時間考驗的主持人，都是全心投入自己的工作，即使節目時段不好，不在熱門的頻道播出，製作成本有限，或是合作對象的名氣不大，也不會對自己的表現有任何打折，照樣全力以赴，把自己最好的一面呈現給電視機前的觀眾，所以才能夠在競爭如此激烈的演藝圈中屹立不搖。

人生的際遇都是有意義的，今天你會去到一個學校、一間公司，一定不只是失手考壞了，或是因為運氣不好。我總是和學生共勉，不論你去到哪裡，都要表現出最好的自己，不能以為來到了「次好」的地方，而想著保留實力，不用那麼拚命，這樣的話，你就可能陷入標準愈來愈低的泥淖中，不斷地打轉，那個原本最好的自己也會慢慢消失。

大方接受讚美，肯定自己吧

面對他人讚美，不要急著否認，請大聲說：「謝謝！」

我剛進大學，在大一的第一堂素描課，就遇到一位相當特別的老師。我們班上總共只有十幾個學生，大家都圍在教室中間作畫，老師會繞著同學，來回走動，一面觀察畫畫的情形，一面了解每個學生的特質以及程度。

老師第一次走到我身邊的時候，看著我的作品，對我說了一句：「妳畫得很好！」

出於一種本能的反應，我立刻低下頭，很害羞地急著推辭，說出：「NO！NO！」

約莫過了二、三十分鐘，素描老師又繞回我的位置，看了看我的作品，老師又開口了：「妳的作品真的很棒！」

我一聽到老師的讚美，立刻揮手否認說：「NO！NO！」

老師聽了我的話，沒有多說什麼就走開了。

約莫又過了半小時，第三次走向我的身邊時，這回老師根本還沒開口，只是拍拍我的肩膀，我就立刻搶先開口說出：「NO！NO！」

沒想到老師的臉色，忽然變得凝重而嚴肅，他正色地對我說：「妳過來一下。」然後把我叫到一邊。

老師問我：「為什麼我和妳說話的時候，妳都沒有正眼直視我？」

我連忙回答：「老師，我來自台灣，在我們家鄉，直視別人是沒有禮貌的表現，我連我爸的眼睛都不敢盯著看，我怎麼可以直視老師。」

老師接著說：「但是，妳現在是在美國，不是嗎？而且我也不是妳的父親，我是妳的老師。在美國，當別人和妳說話，而妳的眼睛卻不直視對方，這才是沒有禮貌的表現。我和妳說話的時候，妳沒有正眼看著我，就是不尊重我。」我趕緊點頭表示受教。

老師又繼續說：「第二個問題是，為什麼我在讚美妳的時候，妳卻一直對我說 NO？」

我告訴老師：「我從小被教導做人要謙虛，所以老師您在讚美我的時候，我說 NO 是因為我在表達我的謙遜，如果我說 YES，不是很奇怪嗎？」

老師告訴我：「可是聽在我耳裡，妳的 NO 對我而言，其實是一種拒絕，拒絕我對妳的讚美，妳知道妳這樣的反應有多麼糟糕嗎？」

我張著疑惑的眼睛，滿心不解。老師再說：「當妳拒絕別人給妳的讚美時，不但否定了自己，其實也否定了對方，妳的否定不但傷害了自己，同時

也傷害了讚美妳的人。妳為什麼不給對方一個機會，聽聽對方說什麼呢？」

「可是，如果我說了 YES，不是顯得很自以為是嗎？況且我也不知道我自己哪裡好，這樣子會讓我覺得很尷尬，不知道該怎麼辦。」我把自己的疑慮說了出來。

老師看著我，告訴我：「下次如果有人讚美妳，讓妳覺得尷尬又不知道該怎麼辦的時候，妳就直接跟對方說『謝謝』，那就行了。」

我趕忙抬起頭來看著老師說：「謝・謝・你。」

接著，老師又說：「對了，順便告訴妳，我一個學期只會稱讚一個學生三次。我對妳的讚美已經用完了，以後我不會再稱讚妳了。」

果然，一直到學期結束，這位老師真的沒有再稱讚過我，甚至我主動去找他討論，他也沒有再給我任何讚美。在課堂上分析大家的作品時，無論我畫得多好，也總是直接跳過。

後來我仔細想想，一開始我對老師的讚美所表現出來的那種「拒絕」的態度，也許真的給老師帶來傷害，有了那次的經驗，日後我總是隨時提醒自己，不要拒絕別人的讚美，如果有機會得到讚美，一定要大方地跟對方說一聲：「謝謝！」

雖然如此，有時候我還是會不自覺地又回到那個不懂得好好接受讚美的自己。

不知道什麼時候開始，我一直覺得自己穿裙子很不好看，所以我從小到大，幾乎不穿裙子，衣櫃裡一件裙子也沒有，全都是褲子，偶爾想穿裙子過過癮，就會趁我姊姊不在，偷偷跑去她的房間裡翻出幾件裙子試穿，然後再把裙子放回去（不過每次被她發現，都會被臭罵一頓）。

弟弟要結婚的時候，我忽然冒出一個念頭——我何不趁這個機會穿穿裙子呢？於是跟著姊姊一起去試穿禮服。試穿的時候，店員們都稱讚我穿裙子很好看，還很熱心地拿出手機幫我拍照（根本是因為我試穿的裙子超貴，店員很希望我可以買下來）。以前我總認為自己穿裙子很醜，但那天我忽然發現，原來自己穿裙子也可以很優雅、很漂亮。

弟弟結婚宴客當天，我們三姊妹都盛裝出席。婚宴現場的每位賓客，見到我都誇我漂亮，我真的覺得很意外，因為從小到大，我從來沒有被人稱讚過「漂亮」，但是那個晚上，我幾乎得到所有人的讚美，對我而言，那真是太神奇了。

一開始聽到賓客誇我漂亮時，我還是習慣性地推辭，不過後來我卻意識到：對別人的讚美一再地推辭，不是又讓自己回到從前那個沒有自信的樣子了嗎？我為什麼又開始閃躲呢？這麼一想，我就提醒自己，應該坦然接受的不只是別人的讚美，而是真正的自己。

我常常在讚美別人的時候，會發現大家都不好意思地趕忙推辭，就像我可愛的經紀人總是一身時尚裝扮，但是我稱讚的時候，她不是揮著手說：「沒有，沒有！」就是跟我說：「妳難道不覺得我穿這件很胖嗎？」接下來她就開始把話題轉移到自己的身材。可是她根本就很勻稱，是一個大美女

啊！

也許是我們從小到大的教育讓我們對於別人的讚美，第一個直覺反應就是先予以否定，可能是因為大家都不習慣成為被討論的焦點，就好像站在鎂光燈下感到手足無措，所以要趕快結束這個話題。

其實，被讚美是一種榮耀，得到別人的讚美時，如果能夠大方地接受，在肯定自己之餘，也能誠心感謝對方，無論是被讚美的對象，或是讚美別人的一方，彼此都會覺得很愉快，這樣不是很好，何樂而不為呢？試著做一個不吝於讚美別人的人，在面對他人讚美的時候，也請大聲地說：「謝謝」！

做全世界唯一的、獨特的你

你我都能夠走出自己的路，創作出屬於自己的代表作！

高三那年，在經過一番天人交戰後，我決定選擇走上繪畫這條路，不僅如此，我還打算申請門檻極高、錄取率和常春藤盟校不相上下的「Cooper Union」。

Cooper Union 的藝術設計系，每年只招收約六十個學生，全美國五十二州，假設一州錄取一名，再加上來自世界各國的國際學生，申請者都是菁英中的菁英，競爭之激烈可想而知。

周遭朋友聽到我想申請 Cooper Union，幾乎都認為這是不可能的任務，只有一路走來一直鼓勵我的恩師古柏贊成我不妨一試，但為了保險起見，她建議我多申請幾所學校。就這樣，在古柏老師的支持下，即使周遭沒人看好，我還是提出了申請。

Cooper Union 的入學甄試分成兩個階段，第一階段是作品集審查，通過第一階段的審查後，學校會把試題密封在牛皮紙袋中寄給學生，讓學生進行第二階段的 Home Exam，申請的學生必須在一個月內完成五個指定考題的畫作，提交到 Cooper Union 進行甄選。

好不容易打敗無數對手後，我通過了第一階段的審查，隨即收到 Cooper Union 寄來的牛皮紙袋。打開信封後，我拿出題目，知道考題的當下，我覺得並不難，對自己很有信心。

「interior」與「exterior」是其中的兩個題目，「interior」和「exterior」，也就是「內」與「外」，這讓我想到當時自己最喜歡的地方，也就是我在學校最常待的美術教室，所以很快就決定要以美術教室的室內與室外兩個場景來作畫。

當時想進入Cooper Union的心情很強烈，所以完成「interior」和「exterior」兩個作品後，就主動打電話去Cooper Union，希望可以安排面試，讓我跟評審當面表達對畫作的心境與熱情，覺得這樣可能會有助於申請。

不過一開始Cooper Union就拒絕我的要求，因為學校認為這樣會影響評審對學生入學審查的客觀性，導致對其他學生產生不公平的結果。不過這樣的答案，並不能說服我，我一點也不死心，陸陸續續又打了好多通電話，終於讓學校答應安排面試，但校方也嚴正地提醒我，即使當面和評審老師談過，也不會影響入學甄試的判斷。

換句話說，並不是評審答應見面，就會被錄取，我也很清楚這樣的狀況，不過因為對於繪畫的熱情極為強烈，讓我不顧一切、勇往直前，當時一心一意只是朝著目標前進，Cooper Union 彷彿近在眼前。

Mr. Juan Sanchez 是當時被安排負責和我面試的評審老師，他是一位很優秀的藝術家。面談當天，Sanchez 看著我攤在桌上的作品，一開始就對我說：「為了避免影響入學審查的判斷，我不會給妳太多時間。」

我連忙回答：「我知道，我只是想看看這所學校是否和我想像的一樣，更重要的是，我想了解學校想要的是什麼樣的學生。」

Sanchez 問我：「妳在學校的表現怎麼樣？」

面對這個問題，我遲疑了一下，然後回答：「來美國一、兩年了，英文還在適應中。」停頓了一下之後，又趕忙補充：「繪畫是我所有課業中最突出的，也得了很多獎項！」

Sanchez 再問：「妳收到學校寄發的 Home Exam 題目了嗎？已經開始著手畫了嗎？」

我說：「『interior』和『exterior』這兩個題目讓我聯想到最常去的一

個地方，就是學校的美術教室，那裡對我而言意義非凡，所以已經開始著手畫美術教室的內與外。」

聽了我的話，Sanchez 問我：「妳知道嗎，面對這樣的考題，一百個人之中有九十九個人會往同樣的方向思考，也就是先選擇一個建築物，然後畫出它的室內與室外。」

Sanchez 看著我，接著問：「妳叫什麼名字？」

「Kristy。」我報上自己的英文名字。

Sanchez 說：「這個題目，妳打算成為九十九個人的其中之一呢？還是要當那唯一的一個？創造出只屬於 Kristy 的內與外，獨一無二的內與外呢？」

帶著這個問題，我走出教室，那時年僅十八歲的我，當下並不太理解 Sanchez 這句話的含意，混亂的思緒中，摻雜著各種想法……

什麼？獨特的我？這是要做自己的意思嗎？不是跟大家一樣最安全嗎？

這位老師是在應付我嗎？我花了這麼多時間，大老遠跑到這裡來，什麼具體的建議也沒得到，真是白跑一趟。

剩下兩週的時間怎麼夠我全部重畫？管它的，還是按照原先的想法，把剩下的幾個作品做完，其他的就別想那麼多了。

不過，Sanchez 老師的這番話，應該有什麼特別的含意吧？獨特的我？這種思維跟以前的老師所教導的不太一樣，這是代表要我重新思考的意思嗎？

只剩兩個星期就要交件了，如果已經畫好的兩個作品都要放棄掉重畫，我來得及嗎？

既然學校老師都說我表現得很好，我還擔什麼心呢，要不要就按照原本的計畫試試看？

正面、負面、贊成、反對的想法一個接著一個浮現，把我當時不過十八歲的腦袋攪得一團混亂。

其實不同的想法，都只是代表不同的選擇，就好像站在十字路口，必須選定其中一條路出發，選了不同的路，就會有不同的結果。今年已經四十九歲的我，想分享三十多年前十八歲的我所做的決定，以及這個決定所帶來的結果。

離開 Cooper Union 回去的路上，我對於自己硬是要求 Cooper Union 安排面試的衝動，勉強學校配合的無理行為，感到非常後悔。我心想：跑了這麼遠的路，花了好幾個小時的車程，結果不但沒有讓學校對我留下好印象，好像還造成反效果，這下子一切都搞砸了！

種種慌亂挫折的負面思緒不斷冒出來，直到快要回到住所時，我的心情才稍微平息了下來。

我的理智告訴我，必須在兩天內決定要不要採納 Sanchez 的建議，決定究竟是要繼續把剩下的三幅作品畫完呢？還是打掉重來，五個作品全部重

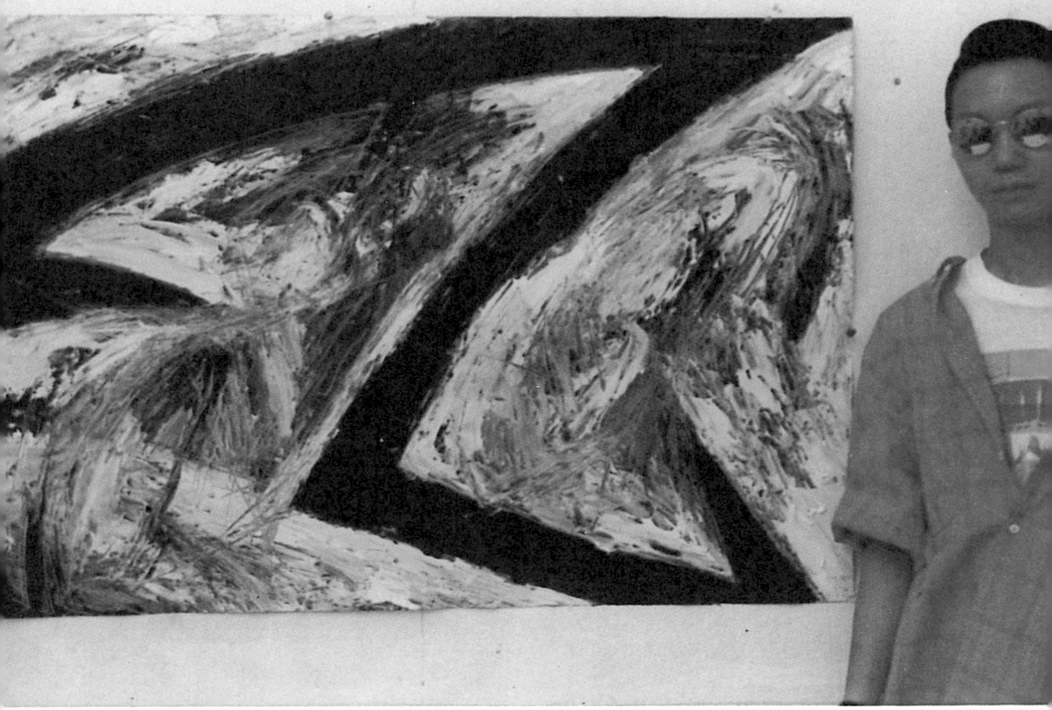

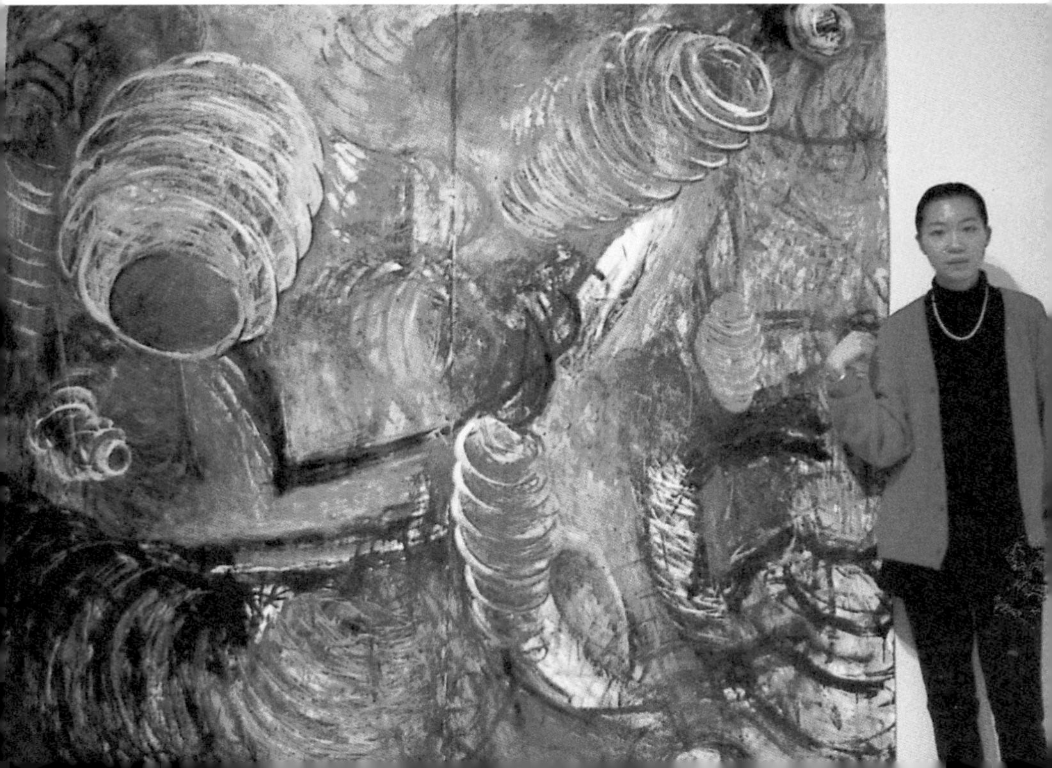

畫？

意外的是，在車子抵達宿舍前，突然間 Sanchez 的話又從我的腦海裡跳了出來，這次好像是切換頻道一樣，先前的負面想法一掃而空，和 Sanchez 的對話突然讓我有了新的解讀，我在想：為什麼 Sanchez 要對我說這些話呢？這些話代表什麼意思？我已經完成兩幅作品，要不要重來呢？時間會不會來不及呢？剩下的三幅畫要怎麼辦呢？應該照著 Sanchez 說的方向去做嗎？

當我意識到 Sanchez 話中隱藏的深意時，那一剎那我的心頭震了一下，我感覺自己彷彿踏進一個全新的世界。

是啊！我應該創作出包含了我的心，只屬於我的，獨一無二的，Kristy 的作品！這麼一想，鬱積在胸中的迷霧頓時散開了。**從以前到現在，我只是憑著一股熱情學習繪畫，但是從此刻起，我想要加入 Kristy 的心，讓我的畫作變成有生命的、獨特的、全世界唯一的，真正能夠代表我的**

作品！

決定之後，我向學校請了兩個星期的假，回到我週末時在校外的住所，先去超市採買足夠的存糧，我準備閉關在家，重新畫出五件作品。這一次，我一定要創作出專屬於 Kristy 的，可以感受到 Kristy 內心的作品。

剛開始閉關的時候，整個人被一股狂熱的思緒包圍，我想畫圖，很想畫圖，但是，我到底要畫什麼呢？什麼東西有內外之分呢？屋子？杯子？櫃子？我滿腦子胡思亂想，想著想著就覺得肚子餓了，無意識地走到冰箱前，打開冰箱，我看著一大堆存糧，忽然覺得，這些食物是我日常生活所需，而繪畫，其實不也是我生活的一部分嗎？於是一股強烈的念頭出現，我告訴自己：「畫這些食物吧！」然後馬上拿了紙筆，坐在冰箱前面就這麼畫了起來。

半開的冰箱，滿滿的食物，對比鮮明的強烈色彩，我彷彿最後一次被允許拿畫筆作畫一般，貪婪地揮灑著各種鮮豔的色料，我毫不吝惜地把所有能想到的顏色統統用上，一心只想讓更多色彩幫我完成這幅豐盛富饒的冰箱食物畫作。

畫得不順暢的時候，我就停下筆，抬頭看著窗外的大雪，面對時間緊迫跟害怕失敗的強大壓力，讓我感到痛苦，但創作原本就是一個孤獨的旅程，必須獨自去面對，對於自己的選擇，也唯有自己才能完成。

也許你很難相信，我這樣使盡全身力氣地畫著，隨著時間流逝，竟然變成一種享受，對照屋外的白雪皚皚，沉寂大地，屋內的我，心中卻是光明火熱，透過畫筆所呈現出的，我的內心世界，竟是如此色彩繽紛。那幾天，我瘋狂地創作，其他人也許認為我一個人辛苦地準備著應試的作品，殊不知，我其實極度享受著這個過程，直到三十多年後的今天，那個讓我感到震驚，卻又心滿意足的甘甜滋味，依然記憶猶新。

我以放在冰箱裡的食物當作「interior」的作品主題，卻一直想不到「exterior」要畫什麼，一邊畫，一邊丟，畫了好多張草稿都不滿意，轉頭看著散落在垃圾桶外的廢紙團，我撿起這些紙團，把它們攤開來，看到紙張因為被揉成一團而皺摺起伏的線條，覺得這些明暗起伏的線條很美，我想著，這不就是一種「exterior」嗎？就是它了！就這樣，這些廢紙成為我作品的主角之一。

第三幅作品，我畫了自畫像，有別於一般會把自畫像畫得美美的，閉關在家的這段期間，我因為投入創作，不修邊幅的外表和感到極度滿足的內在，呈現一種非常強烈的對比，我意識到這麼瘋狂的自己，應該值得記錄下來，再沒有第二個這樣的我了！

畫作一幅一幅流暢順利地完成，當初認為兩個星期要完成五幅作品，時間實在很緊迫，還擔心會無法克服，沒想到奇蹟似的，我完成了所有的作品，準時交件。

這五幅畫作有別於我過往所有作品的風格，這樣的畫風根本是絕無僅有，只是，一旦把作品寄出去，如果不是獲得很大的肯定，就可能被批評得一文不值，我內心不禁有點猶豫，不過我又想，這些作品不僅是我真切的體會，也是我突破了自己原有的框架想要呈現的，於是，我還是把畫作交了出去。

兩個月後，我得到了 Cooper Union 的入學許可！

如果我當時沒有想通 Sanchez 的話，只是考量著離作品提交截止日前沒有多少時間了，而忽略 Sanchez 的提醒與建議，或許這個事件，就只是我求學過程中的一段小插曲，事情過了之後，我再也想不起來。

但是，Sanchez 的話，卻大大地改變了我，重新定義了我對繪畫的態度與想法，對我來說，繪畫除了技巧，除了美感，更重要的是，能夠畫出足以代表我，曲家瑞這個人，曲家瑞的心，能夠創作出屬於自己的代表作！

這件事情讓我更明白，唯有當我們做自己、忠於自己、相信自己，而不是做別人或成為別人的影子，你才可能成為獨一無二的你，並把這樣的你延伸到你的專業與生活，成就你個人的魅力和風采。

接受挑戰才有可能打開新局

挑戰的過程雖然辛苦，結果卻是甜美的，因為你會發現新機會和自己的潛力。

讀 Cooper Union 的那幾年，在校表現優秀，又是風雲人物的我，申請到耶魯大學暑期班的時候，只能用「意氣風發，雄心萬丈」來形容。

暑期班開課的第一天，教授要學生把作品帶去給他們看，所以我特地租了大卡車，浩浩蕩蕩地把我所有巨大的畫作，以及昂貴的畫具、顏料，全部統統運到學校。

我記得，東西送到學校的那天，有三、四個教授一起來評析我的作品，我信心滿滿地以為可以得到很多讚美，沒想到教授在看完我的作品之後，竟然認為我的作品太表面、太浮躁，缺乏內涵與深度，因此他們希望我在接下來的兩個星期裡，能夠拋開大學三年所學，把「舊」的我統統放棄掉，重新開始。

教授的意見讓我震驚不已，我在大學裡努力拚了三年，唯一目標就是能夠進到耶魯，沒想到耶魯的教授竟然要我拋開過去三年在大學所學到的一切！

教授們離開之後，我立刻打電話給我的指導老師——就是那位希望我為了藝術，保留處女之身的老師。

我因為採納了指導老師的建議，帶著這些鮮豔的作品來到耶魯，結果卻被耶魯的教授們全盤推翻，即使在我跟耶魯的教授解釋，表明這些作品都是我對性的幻想之後，耶魯的教授們還是一致認為我的作品太膚淺。

當下，我真的完全錯亂了，我不懂為什麼同樣的作品，卻會帶來截然不同的評價，我在電話裡把事情的所有經過向我的指導老師報告，同時也請教指導老師該怎麼辦才好。

經過這麼多年的訓練，我只會畫這樣的作品，這不就是我的風格嗎？如果我選擇留在耶魯，就要配合教授們的要求，拋開「原來的我」，重新創造一個「全新的我」，但是，我對於別的畫法根本是完全陌生的。

聽了我的描述，指導老師立刻在電話那頭對我說：「天啊！他們怎麼能夠如此羞辱妳！妳不要去耶魯讀了，立刻回來，我在長島開了一間畫室，妳就來擔任我的助理好了，我會為妳保留一個房間，讓妳隨時可以創作。」

指導老師在電話另一端為我打抱不平，的確讓我受傷的心獲得一絲安慰。

指導老師又說：「妳千萬不要再留在那裡，那些教授會把妳害死，妳明天就立刻回來，坐明天早上的第一班車回來！」

我聽了指導老師的話，在電話的這端，簡直是點頭如搗蒜，也立刻答應老師，隔天一早就回去。

掛上和指導老師的電話之後，我立刻打了電話回台灣給我媽，把情形從頭到尾又說了一遍：「媽，他們竟然叫我把過去學到的全部放棄，重來一遍，這我不能接受，我受不了這裡！」

我媽當然支持我的決定，於是晚上我立刻打包行李，然後早早就寢，很快就睡著了。

隔天一早醒來，我仔細回想這一切，心裡忽然冒出了一個質疑的聲音：為什麼我要逃開呢？如果這是一個挑戰，為什麼我就不能接受它呢？我真的要這樣就離開嗎？

這麼想的同時，還有另一個聲音冒出來：或許我應該回去投靠指導老師，指導老師對我那麼好，還安排讓我住他家，為我保留一間畫室，以後我就可以認識許多富商，天天有奢華的派對，過著理想中的美好生活。說不定哪天我蹲在畫室的地上擠顏料，被哪個經過的富商瞥見我的畫作而驚為天人，到時候我就一舉成名，成功在望了！

接著，另一個反對的聲音又冒出來：只

是，我為什麼要一直活在等著被肯定的狀態中呢？我努力了三年，不就是為了來到這裡，好不容易進來了，難道我真的要放棄嗎？只是因為有三個教授一起打擊我，我就要認輸嗎？過去我也遭遇過困難，不都是努力去克服它嗎，如果我真的放棄了，也許沒有下一次機會了，我是不是應該試一試呢？

留下和離開的兩種選擇，不斷在我心裡來回交戰，最後，我打電話給指導老師，告訴他我決定留下來不回去了。指導老師在電話裡驚訝地說：「妳真的不回來？我連畫室都幫妳留好了，還準備為妳辦一個歡迎會呢！」我雖然很心動，也很感謝指導老師的安排，不過，我最後還是決定留下來。

留下來，就是另一個艱難的開始。因為我必須拋開「原來的我」，我的畫風也因此出現了一百八十度的大轉變。

否定「原來的我」，是一個非常痛苦的過程，你能夠想像一個人強迫自己拋棄原本所熱愛的一切，是什麼樣的感覺嗎？就好像一個人原本很喜歡吃草莓，現在卻逼自己裝作完全不懂草莓是什麼味道。

其實藝術真的非常主觀，雖然耶魯大學教授們的說法，等於間接否定我的指導老師，但是在藝術的世界裡，所有類型都可以被接受，純粹是見仁見智，並沒有高下之分。

我選擇接納了耶魯教授們的建議，試著調整過去那個膚淺、浮躁、注重表象，卻忽略心靈層面的自己，學著拋開很多虛假的，如塑膠一般人工的顏色，我想要挖掘更深層、更真誠的自我，於是開始大量創作這類風格的作品。

從那個時候開始，我再也不畫彩色的東西，我的畫風變得非常灰暗，和以前完完全全不一樣，原本我很注重細部的描繪，後來也全盤拋棄了這樣的畫法。

沒多久，學校幫我舉辦了個展，幾乎每個來看展的人都問我：「妳在畫什麼？看起來都好像是一坨一坨的大便。」

我的指導老師也出席了我的個展，看了我的作品之後，指導老師只是不斷搖頭，對我說：「妳一定是和人發生了性關係，對吧？」我看出他臉上失望的表情，但是，我還是毅然決然選擇了改變。

當年的我，坦然接受了這樣的挑戰，跳出既有的框架，尋找全新的自己，雖然得到肯定是一件令人愉快的事，但如果為了得到肯定，而放棄嘗試新的可能，不再挑戰自己，那麼就會讓自己失去繼續進步、開發更多潛能的機會。

別人的肯定再多，也比不上自己的努力，面對挑戰不逃避，才能開創自我新趨勢。我當年選擇了在最愛的繪畫上做出重大的改變，嘗試另一種截然不同的畫風，雖然過程真的很痛苦，但那樣的努力，讓我發現另一個全新的自己，我才知道，原來「我」可以是這樣豐富而多變的，我相信，只要願意嘗試，每個人都有無限的可能。

貴人從來不只有一種樣貌

生命中的貴人可能以各種形態出現，而貴人對你的影響和幫助，也許要過了很久很久才能顯現出來。

Faith 是我在美國讀高中時的美術老師，她可以說是我繪畫的啟蒙老師。因為她的指導與幫助，給了當時還是青少年、對自己很沒有自信、對未來充滿不確定的我，很多寶貴的建議，進而選擇繪畫做為我一生的志業。

美國的高中生如果在特定科目上表現優異，授課老師可以幫學生向相關的評鑑單位提出申請，推薦該名學生參加所謂的「大學先修課程

（Advanced Placement Program）」。這個進階先修課程涵蓋三十多個科目，包括文科、理科、術科等不同課程。

每年五月，是先修課程甄試的時間，依照不同的科目有不同的甄選方式，像英文、法文等科目會安排考試，但美術科則是以作品審查為主。如果甄試成績理想，除了能夠提早選修該科目的大學課程，對於日後申請大學相當有幫助，一旦通過，未來上了大學還可以抵免學分，不用重複再修同一門課。

完成高一美術課程的時候，Faith 給了我一個建議，她認為我可以去申請藝術項目的大學先修課程，於是高一結束時我準備了作品集，提交到評鑑委員會參加審查，審查結果我得到四級分（五級分是最高分），對我來說真的是件很開心的事。

雖然拿到了四級分，不過 Faith 認為我有拿五級分的實力，所以鼓勵我高三時再試一次，高二那一年她花了很多時間指導我的繪畫技巧，一年下來我不僅技巧變得更純熟，對色彩有了更高的敏感度，甚至開始進階到抽象的表現。

第一次甄試時我參加的是綜合組，第二次 Faith 則建議我報名素描組，讓我專攻素描。不過，在送出作品集時，Faith 順手把我為了申請 Cooper Union 所畫的那幅用色大膽、以冰箱食材為主角的「interior」畫作製成了幻燈片，一併放入送審的作品集中。結果除了讓我順利獲得五級分之外，沒過多久，主辦單位竟然來電告訴我，他們將那幅「interior」選為年度代表作，希望取得我的授權，放在年度期刊上。對我而言，這真的是一個很大的榮耀。

高中三年期間，Faith 總是不厭其煩地教我繪畫，永遠在一旁不斷地給我鼓勵打氣，讓我愈來愈有信心，在她積極的帶領與協助下，我一次又一次從實戰中肯定自己的天分與潛力，成為我下定決心走上繪畫這條路的推手。

至今我仍然很感謝 Faith 無私的提攜，讓我有勇氣回應自己真正的興趣與天命，對我一生影響很大。

不過，貴人從來不只有一種樣貌，生命中的貴人可能以各種形態出現，而貴人對你的影響和幫助，也許要過很久很久才能顯現出來。在人生的道路上，無論是求學或是工作，所有的老師和長官們，都可能是你的貴人，有時候貴人會以你未曾意識到的方式，在不知不覺間，深深地影響了你。

我在進入哥倫比亞大學研究所就讀的那一年，剛剛開學，老師請同學把自己大學時期的作品帶到所上，希望藉由作品了解每個學生。

那天，我準備了幾幅畫作，正蹲在地上

整理時，忽然聽到教授說：「同學們，過來看一下這個女生的作品。」

我當時心裡得意極了，忍不住想起大學時期那位「只肯讚美學生三次」的怪咖老師。我心裡想著：哼！你雖然不再肯定我，不過沒關係，瞧瞧我來到哥大，多麼受到教授們的重視，我還只不過拿出幾張作品而已呢。

教授把同學們帶過來，一群人站在我的背後，看著我的炭筆素描時，教授突然問我：「妳是不是畢業於 Cooper Union？」

我愣了一下，心想：教授是怎麼知道的？然後點點頭，給了教授肯定的答案。

「果然沒錯！妳的風格完全承襲了×××。」教授口中的×××，正是我在 Cooper Union 時，那位第一次上課讚美我三次，就再也沒有肯定過我的老師！

「怎麼可能？為什麼這麼說呢？」我的心裡十分激動，覺得這簡直太不可思議了！

「×××這位老師，他的教學最著名的就是講究線條的靈魂，但是我從來沒有看過哪個學生的作品，能夠完全領悟×××的精神，進而在作品中展現出自己獨特的風格！」教授的口氣中充滿著讚嘆與驚喜。

聽到這裡，我彷彿五雷轟頂，瞬間眼眶發熱。雖然教授仍然熱切地發表他的看法，但我卻不敢回頭直視，生怕眼淚當場落下。

當時，我的心情真是百感交集，又激動又難過，原來大學四年的時間，那位從大一就再也沒有讚美過我的老師，竟然如此強烈地影響了我。儘管他不再給我指導，為了揣摩他的意思，反而迫使我必須學習思考。以往我總是習慣接受，缺乏自省的能力，在他潛移默化的帶領下，我慢慢學會×××一再強調的「批判式思考」，進而從各種角度去看事情。

他還教我們要用整個人去感受畫作，而不只是像個畫匠用手腕和手指靠一些小技巧畫畫，所以要我們站著畫圖，利用整個身體去完成線條，藉以展現線條的無限可能，體驗線條的力量與美，幾年下來，竟然無形中讓我成長了那麼多。

許多人常常在抱怨遇不到貴人，總是羨慕別人運氣好。其實，貴人往往不只有一種樣貌，而我們以為的伯樂，也不會平白無故地就來到眼前，必須靠個人主動的努力，才能吸引他們出現。

我常常在課堂上或是演講時，告訴年輕的朋友們，在人生的道路上，無論是求學或是工作，所有的老師、長官、同事、同儕等等，任何人都可能是你的貴人。如果想要遇上伯樂，前提是自己得是一匹千里馬，所以平常就要累積實力，才有可能創造機會，如此一來，無論貴人是以正面支持或負面打擊的樣貌出現，都會為我們的生命帶來很大的成長，刺激我們往更好的自己奔馳而去。

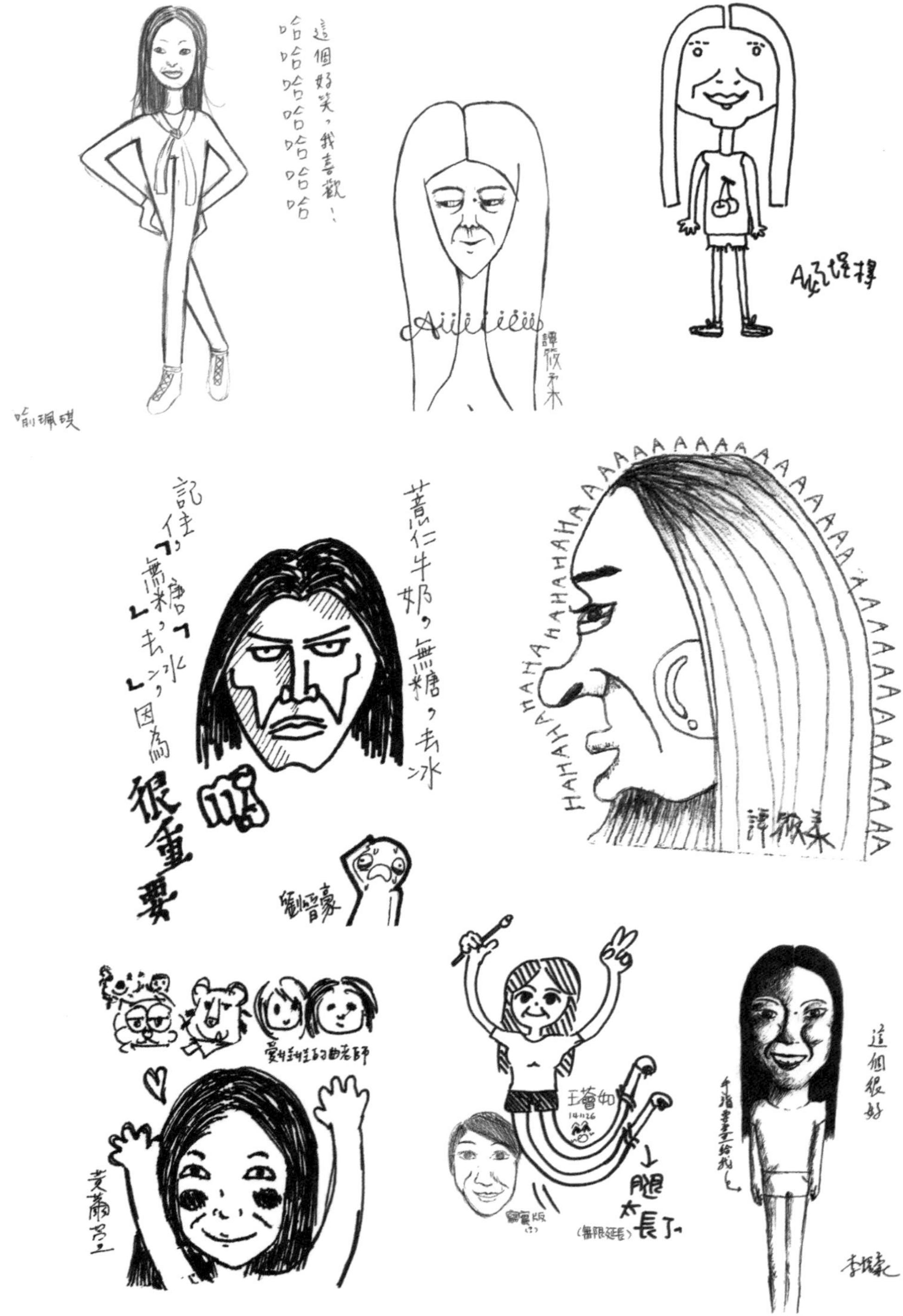
這個好笑，我喜歡！
哈哈哈哈哈哈哈哈
喻珮琪
Aiiiiiiii
譚筱柔
記住「無糖」去冰」因為
很重要
喔
薏仁牛奶，無糖，去冰
HAHAHAHAHAHAHAHA
譚筱柔
王薈如
14.11.26
腿太長了
(無限延長)
寫實版
這個很好
老師

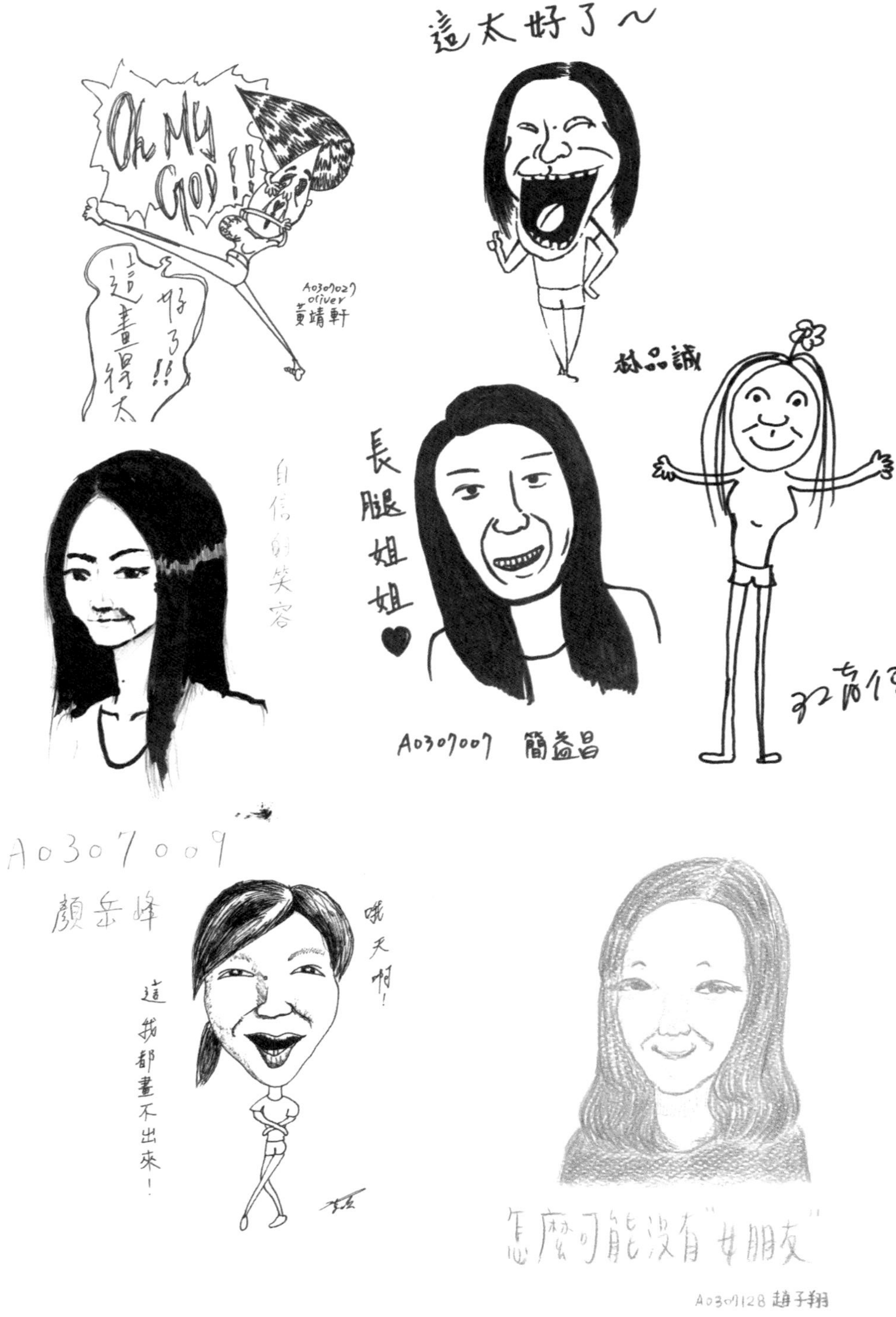

Oh My God!!
這畫得太好了!!
A0307027
oliver
黃靖軒
這太好了~
林品誠
長腿姐姐
自信的笑容
A0307007 簡益昌
A0307009
顏岳峰
哦天啊!
這我都畫不出來!
怎麼可能沒有"女朋友"
A0307128 趙子翔

肯定句是最有力的句型

多說肯定句，可以給人自信心和安全感，一個肯定句的力量，能夠幫助自己和他人度過許多人生的低潮時刻。

升上國中之後，我的人生彷彿進入另一個階段。以前成績還算可以的我，突然遠遠地被拋在後段。那時，我們一下課，就是去補習班報到；回家以後，爸媽還找了家教老師來幫我「續攤」，國語、英文、數學、物理等等，幾乎所有科目都補了。學校的老師、補教界名師、台大資優生，一大票人等著幫我上課，拯救我江河日下的成績，但我的功課卻沒有任何起色。

因為補習補得昏天暗地，畫畫便成了我的出口，我變得對繪畫更加著迷，讀書劃重點的時候，不知不覺就開始在課本上隨手塗鴉，不僅自己畫得很高興，同學們也都很喜歡。他們會把自己的課本傳給我，要我在他們的書本上作畫，我常常畫得太專心，連老師問問題都沒聽見，這時就會被警告，說我影響其他同學上課，除了課本被沒收，甚至還罰我青蛙跳。我的導師有一次不但要我把全部的畫作交出來，還嚴厲斥責我不要再畫了。

我還記得國二升國三的時候，班上要選學藝股長，同學都推舉我，我以最高票當選，立刻很認真地規劃要怎樣布置教室，信心滿滿地認為自己一定可以做得很好。但在我發表當選感言的時候，導師竟然跳出來說：「曲家瑞的成績已經吊車尾了，如果有時間應該要多溫習功課，不適合再擔任股長，否則會影響接下來的升學考試。」於是，她指派班長兼任學藝股長的工作。

當下，我真的很想哭，覺得自己很委屈，拚命忍住在眼眶裡打轉的淚水，只是傻傻地笑，其實整個人的自信已經被徹底擊垮。這個事件對我的打擊非常大，當時我每天不是上課就是補習，爸媽期待我的功課會變好，結果一點起色也沒有，又經過這件事，我的成績不只是一落千丈，簡直是全面崩盤，我變得更不愛念書，覺得自己唯一最喜歡的事都被否決，完全找不到念書的意義。

升上國三之後，爸媽意識到在台灣這種教育體系下，根本沒有我的生存空間。在那個升學掛帥的聯考年代，像我這種成績，絕對沒有未來，爸爸媽媽也不知道該怎麼辦，一方面擔心這個小孩在這樣的環境中永無出頭之日，一方面也對我的表現感到不知所措。幸好家裡的經濟能力許可，他們只好送我去美國，看看換個地方能不能讓我這種「問題學生」浴火重生。

爸媽決定把我送到紐約州的私立高中就讀，由於申請學校需要推薦函，本來爸媽擔心我的功課太差，國中導師不肯推薦我，沒想到她一口答應。爸媽帶著我去學校拿推薦信的時候，我無意間在老師辦公桌的玻璃墊下，瞄到一張又一張的畫，因為覺得有些眼熟，好奇地走過去一看，才發現那

些竟然都是以前被她沒收，我以為再也看不到的圖畫，那一刻，我完全不知道要說什麼。原來是我誤會老師了，她並不是不喜歡我的畫，只是怕我影響成績，老師不但沒有丟掉我的畫，還好好地珍藏。

不久之後，我就收拾行李，離開台灣，去了紐約。

第一次去國外就學，語言不通，文化背景不同，我也難以適應國外的飲食。走在校園，我的裝扮和其他人相較起來，就像是一個土包子，顯得格格不入。在我眼中，外國人都長得差不多，我根本無法分辨誰是 Mary，誰是 Linda，和大多數的同學都不能溝通，也沒有交集，生活過得十分煎熬又孤獨。

我很不適應當地的生活，又沒有朋友，幾乎每天晚上都會到宿舍大廳排隊，打國際電話回家哭訴，跟爸媽吵著要回家，得到的答案都是否定的。回到房間之後，常常哭著哭著就睡著了。爸爸在電話裡最常對我說的一句話就是：「妳的人生出了什麼問題？為什麼會這麼失敗？想清楚再回來！這是妳最後一次機會了！」這種日子持續過了半年，來到高一下學期，我的生活開始有了不一樣的改變。

一次偶然的機會，我發現學校有一間非常大的美術教室，足足有兩層樓高，簡直像體育館一樣，裡頭有陽台，有畫室，分成陶塑區、攝影區、油畫區等不同區塊。每次踏進美術教室，整個鼻腔就充滿畫筆和顏料的味道，對於熱愛藝術創作的人來說，這裡就像樂園一樣，我心裡忍不住想：如果能天天待在這兒就好了。

美術課一週只有一堂，但是課外的時間，我也常往那裡跑。那是我最舒服自在的地方，即便沒什麼朋友，功課也不是很理想，美術教室就像一個避風港一樣接受了我，所以我常常獨自待在那裡，對我來說，畫畫就是最好的朋友。

美術課是我最拿手的科目，也是我最投入的一門課。有一回，美術老師Cooper出了一個鉛筆素描的題目「吸塵器」，我和所有同學都埋首苦畫，不過因為被擠到最冷僻的角落，我看到的是一大堆捲曲糾結的電線纏繞在手把上，所以我的「吸塵器」和其他人眼中的「吸塵器」都不相同。

後來，老師把所有同學的畫作，全部送去參加紐約州高中生素描比賽，其中有幾位同學入選決賽，於是學校帶著參賽的同學出席頒獎典禮。等到主辦單位公布作品名次時，我的「吸塵器」竟然獲選為第一名。我怎麼都沒想到自己會拿到首獎，現在想想，我覺得共同參賽的作品中，有很多人的技巧性都比我出色，但可能是畫中那凌亂又糾結的電線，反映了當時我人在異鄉，徬徨混亂又不知所措的心情與處境，使得原本死板板的吸塵器彷彿有了生命力。

隔天，校長在朝會時宣布：「我們有一位台灣來的小女生，得到了繪畫比賽冠軍，這位同學是誰呢？可以請她站起來嗎？」

回想當年在台灣接受的填鴨式教育，早已讓我對自己失去信心，覺得美術是沒有用的東西，因此，當校長在台上提到我的名字時，我只覺得丟臉，這時，身旁的外國同學立刻鼓勵我，要我快點站起來。

我有點猶豫，緩緩地舉起了手，和大家揮了揮，瞬間全場師生發出熱烈的鼓掌聲。一夕之間，似乎所有的人都認識我，開始主動和我交談。從那天之後，我走在校園裡，以前那些對我議論紛紛、取笑我的同學們，態度忽然之間都轉變了，他們會說：「哇，妳好有才華！」

話劇老師看見我，就對我說：「妳那麼會畫畫，一定很有表演天分，妳

GIANT
KRISTY

應該也會演話劇。」在老師的熱情邀約下，我抱著好玩的心情去參加年度歌舞劇的徵選，結果得到了配角的演出機會（還要女扮男裝），對於一個從來沒有站上舞台的小女生而言，這是一個極大的突破。

此外，學校的校刊社也主動邀請我固定創作漫畫專欄，頓時，認識我的人愈來愈多，和大家互動的機會也增加了。連數學老師也給我鼓勵，認為我既然能夠畫得那麼好，一定也可以把數學學好，還幫我課後輔導。來自四面八方的肯定，讓我整個人變得自信起來。

英文老師也對我說：「妳那麼會畫畫，想像力應該不錯，要不要試試寫文章。」我愣住了，急忙否定，說我以前在台灣作文很爛，但是老師建議我從自己喜歡的事情開始寫寫看。

於是我來到美術教室，準備兩張紙，一邊畫，一邊寫。畫累的時候，就在另一張紙上開始寫：我幻想自己是一個指揮家，所有的顏料都在我的指揮棒下飛翔，窗外的樹、陽光、小鳥，都在聆聽我的演出，欣賞我的作品，彷彿一起合奏一場最美妙的樂章。一個星期之後，我把這篇文章帶到課堂上給老師看，沒想到老師要我朗誦給大家聽。

我既緊張，又興奮，用我顫抖的聲音，試著一字一字地唸出來。其實我的文章寫得既不通順，文法也錯誤百出，同學們也許聽不懂我在讀什麼，但是每個人都睜大眼睛，張開耳朵，很努力地理解，也給了我很正面的回應。

接下來，所有的事情就像連鎖反應一樣，好事一件又一件地發生。我再也沒有打電話回家哭訴，生菜沙拉吃起來也變得有滋味，開始交了新朋友，漸漸地適應了在美國的生活。而這一切都是因為繪畫獲獎後，接踵而來的許多肯定，讓我找到自信。

一個肯定句的力量可能超乎想像。我們應該多去關注別人的優點，而不是一直聚焦在做不好的地方。學著正向思考、說話，如此一來，可以給人自信心和安全感，甚至扭轉一個人的命運。

掌握自己的經濟自主權

存錢其實是一件好玩又有趣的事，而且充滿幸福感，這種幸福感，是另一半無法給我們的。

我在紐約讀高中的時候，爸爸特地買了一棟好大的房子，我問他，為什麼要買這麼大一棟房子？爸爸說：「妳將來如果交了男朋友，就把他帶回來，如果他看到這麼大的房子，覺得很有壓力，就表示這個男人配不上妳，他自己也會知難而退，如果看到了還有信心和勇氣來追求，他才配得上妳。」

我爸不只買房子，還買了一輛車，就停在車庫裡。但是我根本不會開車，本來要去考駕照，又被爸爸阻止，他說：「妳將來嫁的對象，家裡一定會聘司機，妳學開車幹什麼！」從小我就被父母灌輸這種觀念，可能是父母期望的條件太高，或者是我太叛逆，我始終沒有愛上一個開著名車、家世背景非常好的男人。

我開始意識到世界和爸爸媽媽說的不一樣，男人也不是只有一種類型，金錢不代表一切，財富更不代表全部，我每次愛上的都是騎著摩托車，很有才華，藝術家類型的男生。由於我喜歡的對象根本不符合爸媽的期待與標準，所以就偷偷摸摸地戀愛。

在美國讀高中的時候，同學們都有銀行帳戶，只

有我沒有，我跟爸媽說我也想要有個帳戶，得到的回答是：「妳不必有啊，缺錢就跟我們講，我們直接開支票給妳。」所以我從小對於金錢幾乎沒有什麼概念，反正只要缺錢，就伸手向父母要。記得讀國中的時候，有一次逛街時看中一件很昂貴的外套，要求爸媽買給我，他們不答應，我竟然就在街上大吵大鬧，甚至還叫他們去死。每次想起這件事，就會覺得自己實在是太誇張、太幼稚了。

如果父母從小就每個月給我一點零用錢，培養我儲蓄和記帳的觀念，讓我知道賺錢是很辛苦的，想要得到什麼，就要管理和計畫，同時衡量自己的財力，不能理所當然、毫無節制地消費。要是我想要什麼，就應該要自己存錢，這麼一來，我才會懂得珍惜金錢，珍惜買來的東西，也不會隨便對父母親撒野，做出無理的要求。

升上大學，爸爸幫我辦了一張信用卡的附卡，讓我買什麼都可以，所以我永遠都不缺錢。一開始刷卡的時候，我還會和爸爸報備，日子久了，乾脆連這道手續都省了。

讀研究所的時候我交了一個男朋友，兩個人每天吃好的、用好的，從來不擔心缺錢。我的男朋友來自單親家庭，生活費由哥哥供應，有一天，他哥哥打電話告訴他那個月我男友透支，要他自己想辦法。因為我們兩個都是對金錢毫無概念的人，我男友就跑來找我，問我可不可以幫忙？我告訴他：「你透支了，我也透支了啊。我花我爸的，你花你哥的啊。」那時候我們有錢就花光光，沒錢就會發生這種很尷尬的情況。

研究所畢了業，我還是維持這樣的生活，就算當時有工作，但我的開銷很大，不但加入一間知名的連鎖健身中心，動不動添購新行頭，衣服、褲子還非名牌不穿，所以每個月薪水一發下來，沒幾天就見底了。不過只要一沒錢，我就伸手跟爸媽拿，一點也不覺得有什麼問題。

回到台灣開始教書之後，我意識到自己應該要長大了，可是以我花錢如流水的方式，薪水還是不夠用。我天天搭計程車往返上課，衣服一定要乾洗，週末總是跟朋友吃吃喝喝，偶爾還要出門旅行，完全是典型的月光族。

所以每次我又看中什麼精品的時候，就會揪媽媽一起去逛街；想要出國玩的時候，也是找爸媽一起去，好讓他們買單。按照那樣的消費模式，我根本不可能經濟獨立。

我的轉捩點，出現在三十五、六歲的時候。那一年，爸爸生病了，我突然警覺到家裡的精神支柱、經濟來源一旦倒下去了怎麼辦？那一刻，我在現實生活裡的門，好像才真正打開了。

爸爸一直很保護我們，從來不讓我們吃苦，所以我真的沒有機會了解生活的現實面和金錢的價值，直到爸爸倒下的那一刻，我才真正長大。從那個時候起，我突然醒悟，覺得過去自己把一切都看得太理所當然，沒有儲蓄沒什麼不好，花光光也沒關係，反正天塌下來，總是有爸媽擋著，人生就是要及時行樂。自己賺得那麼少，根本存不了錢，再怎麼省也累積不了多少。不過這麼多年下來，我發現儲蓄原來是一個滴水穿石的過程，但花錢卻可以是

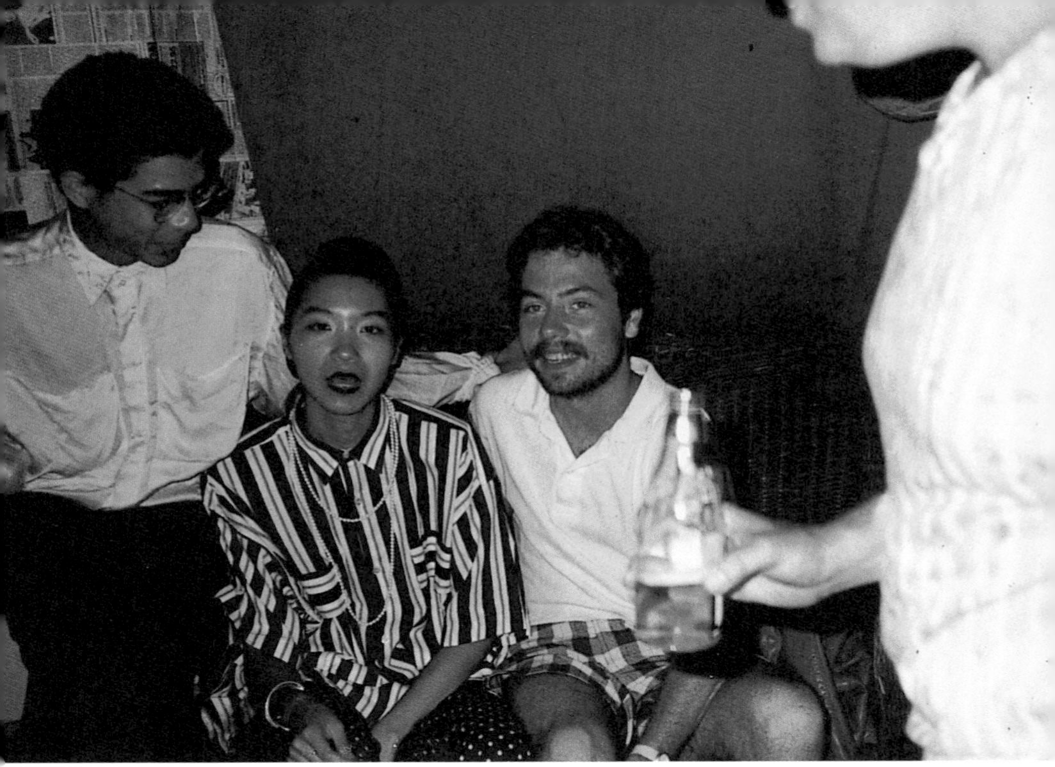

一場土石流，能夠守得住，才是真正了不起。

以前的我，絕大多數的衣服全部都要送乾洗，出入頂級髮廊做頭髮，不是名牌的鞋子不穿，不是限量的包不拎，那時候身邊的朋友也都是月光族，一領到薪水，立刻拿去買名牌包，秀出來給大家欣賞時，我們還都會跟著讚嘆。下了班，大家就相約吃喝玩樂，過著極度奢侈、揮霍無度的日子。

現在只有真的很高級的衣服才會送去乾洗，剪頭髮也維持在一定的預算內，出門不是必要的話，就以大眾運輸代步，只有在犒賞自己時，才會買個奢侈品。當初一起吃喝玩樂的朋友也漸漸疏遠，省下來的錢，還可以不時塞給媽媽聊表心意，偶爾還能帶她出國走走，雖然比不上父親當年賺的多，但帶給我的滿足感卻一點也不少。

第一次在過年的時候包紅包給爸爸媽媽，發現他們收到紅包的時候，原來是那麼欣慰，雖然媽媽說：「哎喲，妳這點紅包才多少錢啊。」但是從他們的表情和笑容，我感覺到前所未有的幸福和滿足。

隔年，我又拿著紅包給爸爸，爸爸還裝傻說：「什麼？不是才包的嗎？一年又過去了啊。」然後就看見爸爸轉身要把紅包放進櫃子裡，這時我才發現去年的紅包還原封不動地收藏著。那一刻，我真的好感動，那些錢比起他們為我付出的根本算不了什麼，但是子女的一點心意卻能讓他們如此珍惜。

在意識到經濟自主的重要，明白金錢的價值後，我竟然也存到了一筆錢，作為頭期款，買了屬於自己的第一間房子，做到原本以為遙不可及的事。經濟獨立自主的感覺，會讓人感到生活有目標，也成為一個能為自己負責的大人。有一種幸福，叫做掌握自己的經濟自主權，如果我能夠做得到，相信你一定也可以！

PART 2

讓自己做自己的「貴人」！

尋找自己是人生必要的快樂旅程

你一定得出發，才可能從過程中體會到「發現」的樂趣，原來自己竟然有這麼多面向！

還是小女孩的時候，我總是夢想著快點長大。記得讀小學時，常常希望一覺醒來就可以變成大人，可以自己做決定，可以做任何想做的事情，不用再處處被管，受限於大人。

這個想法到了念大學的時候，突然有了一百八十度的轉變，我變得不想長大，不想進入大人的世界，那個時候的我，對人生覺得很茫然，根本不知道自己究竟想要做什麼，更看不到自己的未來。即使我學的是熱愛的繪畫，就讀的是藝術科系，但是這並不代表我對人生就沒有不確定感。所以大學畢業之後，因為看不到未來，就理所當然地攻讀研究所，繼續待在學校裡念書，沒想到等拿到碩士學位之後，我依然沒有找到答案，對於未來，還是感到非常不安。

但是這是一個必經的過程，很多人都會遇到自我認同的問題，在「做自己」之前，一定要先「尋找自己」。在這個過程中，可能會有感覺孤單的時候，除了對於未來感到困惑，有時甚至連自己的外型都不滿意。

這時候最快入手的當然是從外表的摸索和改造做起，年輕時候的我，簡直是把自己當實驗品一樣，曾經留過很長的頭髮，也剪過很短的髮型；有時把頭髮吹得張牙舞爪，也有過把頭髮燙得又黑又直；我穿過極為淑女、秀氣典雅的衣服，也做過十分男性化的裝扮；我塗過黑色的指甲油，甚至還擦過綠色的口紅。這些極端不同的穿著打扮和外在形象，其實是我尋找自我的過程中，在找不到出口時的一種渲洩。

當一個人的外表可以有如此巨大的落差，其實也顯示其內在的徬徨與茫然有多麼劇烈。

我從進大學讀書，一直到三十歲的那段歲月，因為不了解自己想要什麼，可以做什麼，更不知道未來該往哪裡走，曾經像無頭蒼蠅一樣到處算命。各種形式的卜卦，從鳥卦、龜卦、八字、紫微、星座、塔羅，不分中西，無論門派，從路邊擺攤的算命相士，到退休將領御用的命理大師，只要我知道，一定想盡辦法登門尋找解答，希望能為我指引一條明路。

那期間我也舉辦過幾次個展，只是最後連一張畫作都沒有賣出去，於是周遭各種關愛的眼神和聲音就開始陸續出現，很多親戚朋友都私下跑來跟我爸媽咬耳朵：「你們花了那麼多錢和時間栽培這個女兒，但是她真的能靠畫畫維生嗎？再這樣下去，將來要靠什麼生活呢？」爸媽經常被問得啞口無語，一方面暗暗擔心，一方面也覺得臉上無光。

事實上，一個藝術家的成就，怎麼可能光靠幾次個展，或是賣出幾張畫作就能決定的呢？那些親戚朋友的關心，對當時的我來說，其實是一種相當大的壓力，但又不能回嗆：

「×！你們根本不懂藝術！」

當我苦思未來究竟在哪裡時，還同時被一場又一場的相親邀約給淹沒，那時候家裡的電話每天響個不停，一大堆人搶著幫我介紹對象，爸媽也樂見其成，希望我可以趕在三十歲以前找個好男人嫁了，否則等到三十歲一過，一切就來不及了（屁啦）。

我很順從地參加了一場又一場那些遠親近鄰居中拍胸脯掛保證、大力推薦的聯誼會，但是爸媽從頭到尾都沒問過我喜歡什麼樣子的男生，只是按照他們的期待幫我安排，譬如我讀到碩士，那就非得找個也有同等學歷的男生，要不然就是家世背景比我們更好的對象，至少生活可以很優渥。

可想而知，最後我跟這些相親對象都不了了之，因為他們都不是我的菜（其實曲老師真的不挑）。等到過了三十歲之後，這些登門牽線安排相親的電話突然停止，大家都笑說曲家竟然有個三十歲的女兒還沒嫁出去，彷彿我的賞味期限已經過了，一夕之間我從婚姻的媒合市場中被踢出來，雖然聽起來有點難過，不過我心裡卻覺得鬆了一口氣，原本被催婚的壓力瞬間消失，哈哈哈！我終於能夠開始過起屬於自己的生活。

孔子說：「三十而立。」當我進入三十歲之後，真的好像才開始獨立。對我而言，三十歲到四十歲是人生的奮鬥期，我感覺三十歲離四十歲真的很近，那時忽然有一種莫名的危機感，覺得如果不能好好地把握接下來這十年，我的人生似乎真的就要完蛋了。

就像是時間到了，我開始進入內在另一個階段的旅程，思考著：我是誰、我為什麼在這裡、我的未來在哪裡？這些一時半刻找不到答案的問題。我每天都在問自己，直到今天，我仍然在拼湊自己的樣子。

有時候我從電視上看到自己，會突然發現：「喔！原來我是這個樣子！」有時候從學生的眼裡看到自己，我又會意識到：「喔！原來我是那個樣子！」人生到了中年這個階段，還可以發掘自己的多種面貌以及不同的可能性，實在是一件超級快樂的事，根本不會因為年紀增長而感到可怕！

我承認，無論在身心各方面，我是一個比較晚熟的人，我人生的第一份工作，也是等到三十二歲才開始，比起一般人起步要晚了很多。

二十五歲那年從哥大畢業，拿到碩士學位，我的同學差不多都在那個時候進入社會開始工作，到了三十二歲不少人都已經小有成就。有人在銀行上

班，有人在媒體工作，也有人在外商公司任職，看起來都是那麼光鮮亮麗，大家的生活聽起來都非常多姿多采。講到我的時候，朋友就會說曲家瑞是藝術家，所以不能用一般的標準來看待。只是這樣的話聽在我耳裡，一點也不令人感到高興。

那段時間，我對這個世界充滿怨氣和不滿，只是一味地憤世嫉俗，從來不會反省自己為什麼生活沒有長進，覺得這個世界虧欠我太多，對我太不公平，我這麼有才氣，卻沒有人看見，想到這裡心裡就十分憤恨。

但我很幸運，從小就知道自己喜歡畫畫，並且得以把自己的興趣跟工作結合。在那些充滿怨懟、惱怒的日子裡，有一個可以自我陪伴的興趣，藉由持續地畫畫，得以抒發自己的情緒。這一段自我探索的過程，給我信心，讓我認同自己，也幫助我找到人生的答案。

即使無法結合專業和興趣，還是可以從自己喜歡的事情中，找出一、兩件自己比較喜歡的事，盡全力投入其中，甚至做到專業的程度。如果你喜歡唱歌，就要盡情歌唱，如果你喜歡跳舞，就要痛快舞動，持之以恆地鑽研，讓興趣不僅是閒暇之餘打發時間的事情，還可以陪伴我們，甚至發現更深層面的自己，成為自己的另一個專長。

尋找自己究竟要花多少的時間呢？其實沒有一定，我甚至覺得人一輩子活著都在探究自己，我們就像一座豐富的寶藏，不斷地挖掘，你就會看到很多面向的自己。原來我是這麼有潛能啊！原來我也可以做到這樣的事啊！（請大喊三聲！）所以尋找自己是沒有終點的，但你一定得出發，才可能從過程中得到「發現」的樂趣。

比做天才更重要的事

天才跑得快，我走得雖然慢，但只要走得遠，終究會有屬於自己的一片天。

大一的時候，我們班上有個日本女孩Ｓ，一直被我當成最大的假想敵。

Ｓ很小全家就從日本移民到美國，她是一個作風非常前衛的女生，書包裡永遠都帶著保險套和按摩棒，簡直就是女性主義的先驅。她的穿著打扮也令人印象深刻，可能今天把頭髮染成白色，隔天卻把頭髮剃掉，頂個大光頭來學校，是一個非常瘋狂的人。學校每次舉辦舞會，這個日本女孩永遠是人群裡最耀眼的那一個，不只是同儕間的風雲人物，也是老師心中的天才學生，所有老師都很喜歡她，認為她非常有才華。

有一次老師出了一項作業，作業主題是：時間。為了這個作業，我特地準備一百根蠟燭，事先把蠟燭立在地上，一根根排好，為了不讓其他同學太早看到我的偉大作品，還特地把教室的窗戶全部封起來。

輪到我發表作品時，內心洋洋得意的我還故作鎮靜，鄭重其事地跟大家宣告：「喔，我的時間儀式要開始了。」然後開始把蠟燭一一點燃。

當我點完第二排蠟燭時，第一排蠟燭已經燒得差不多了，我一排接著一排地點，蠟燭就這樣一排接著一排地燃燒。

我告訴老師和同學我對於「時間」這個概念的想法，希望藉由這些「燃燒的蠟燭」來隱喻時間的存在與意義。

天知道我為了這個作業花了多少時間，用了多少心思，花了多少錢！當我陳述完自己對「時間」的定義時，心裡相當得意，我自認這樣的作品在班上可算是相當優秀，相信老師一定會給我A。

等大家都交完作品時，老師問：「還有誰還沒發表？」這時S不疾不徐地舉手：「老師，我還沒有。」

然後她又說：「我想讓大家感受到『時間』的存在和永恆，但是我的作品不在校內。」什麼？她的「時間」竟然不在校內？那個日本女生，永遠都有出人意料的表現。

只見她站起來，對著全班同學說：「可以請大家跟我去一個地方嗎？」於是全班同學和老師，就這樣跟著她一起

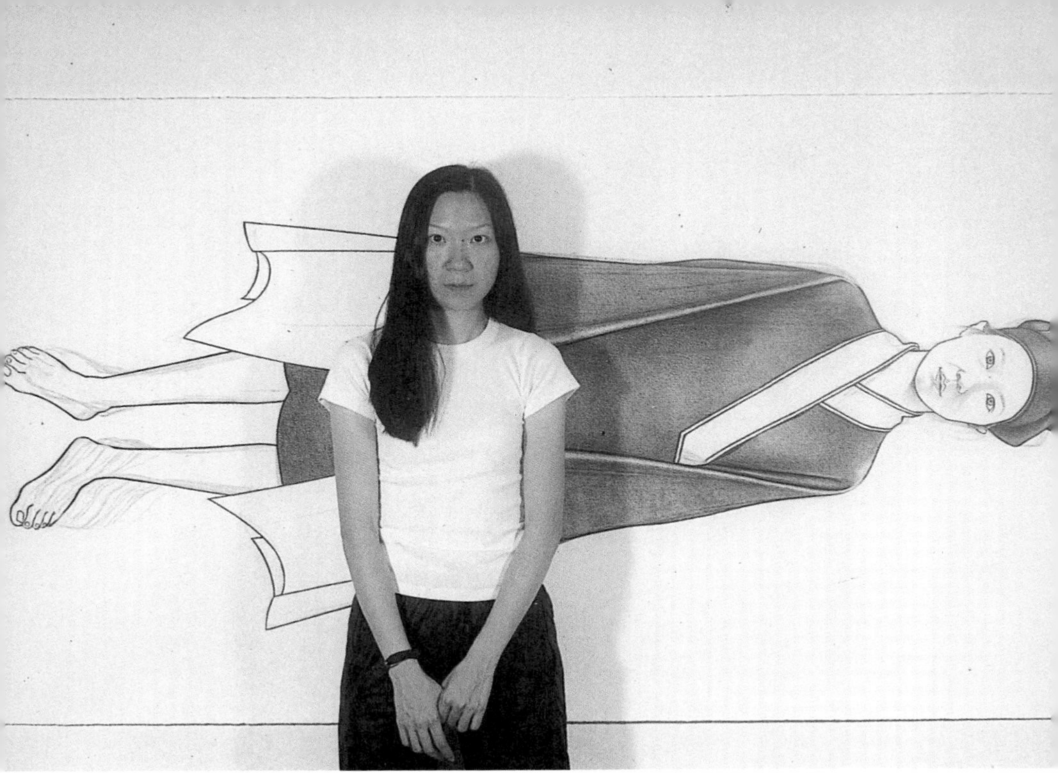

走到了校外。

同學一邊走，一邊笑鬧，經過消防栓的時候，有同學開玩笑說：「請問是要我們看這個消防栓嗎？」其他的人聽了跟著哈哈大笑。

經過書報攤的時候，也有同學嘲諷地說：「難道是要我們買雜誌嗎？」又是一陣哄堂大笑。

經過店家的玻璃窗，還有人說：「說不定是要我們看玻璃呢！」

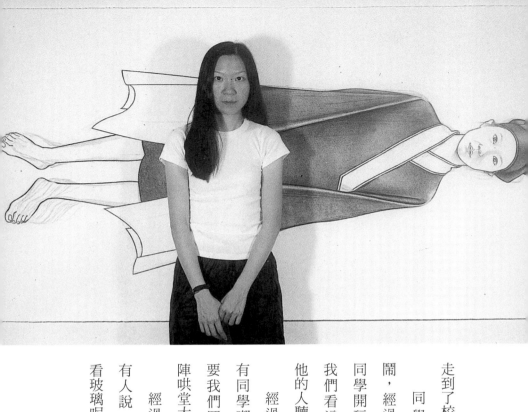

走了好長一段路，最後大家已經完全猜不出來到底要看什麼了。

終於，S在一座廢墟前停了下來，大家也跟著停下腳步。

眼前是一塊空地，房子已經倒塌，只有外露頹傾的鋼筋水泥和滿地碎裂的泥磚石塊。紐約有很多這樣的地方，就是那種在都是高樓的大街上，卻有著一塊突兀的廢墟夾雜其中，這塊空地就是這樣。

我站在那裡，根本不知道她要做什麼，全班同學也都一頭霧水。

然後，S開口說：「這裡曾經有一棟房子存在，現在卻消失了。我希望讓大家一起站在這裡，好好跟我一起感受這個『時間』的存在。」

「天啊！」我依然記得當她講完這段話，所有的人都驚訝得說不出話來，就連老師也感動得哭了！

我當下覺得腦子轟然一響，只剩下一片空白，我雖然不懂她到底做了什麼，不過我知道自己真的是輸慘了！

S真的很厲害，輕易就打敗了我，那時候她只是一個十八歲的小女生，竟然能夠構思出這樣的作品，現在想起來還是覺得不可思議。

我在素描課的表現總是很好，因為我總是能夠把細節畫得非常細緻，線條可說是班上數一數二地好。但是有一次，S只不過拿著一杯水往紙上一潑，然後把那張全濕的紙給戳破，老師就大為驚豔地喊著：「太不可思議！」對這個日本女同學讚譽有加。S總是這樣輕易地超越班上的所有人。

學校舉辦的舞會上，S永遠是全場焦點，一進場就瘋狂熱舞，頂著突出的髮型，身體自成一派地隨意舞動，根本不在乎其他人的眼光。

那個時候的我，其實也曾經試著親近她，和她交談，但是我們彷彿使用不同的「語言」，幾乎無法溝通。後來我才漸漸明白，這個女孩真的是個天才，她很早就爆發了，走在大家前面，連老師都沒有辦法追趕上她。

S帶給我們的震撼，持續了一年，後來很少看到她在學校出現，到了大三再看到S時，她原有的光采不再，那個曾經集所有眼光於一身，可以呼風喚雨的天之驕女，卻忽然完全像變了一個人，成為很平凡的學生。

也許因為她爆發得太早，所有的一切都經歷過了，便覺得再沒有什麼新的樂趣。再加上她曾經有過那麼多出人意表，鬼才般的表現，所以大家對S總有著更高的期待。但是她帶來的火花卻難以持續，於是時間一久，作品的深度和廣度就開始呈現疲乏，漸漸的，她開始變得黯淡，也失去了對藝術創作的熱情，後來我再也沒有看到她眼中閃爍的光芒。

回頭再看S的故事，我領悟到，炫目的爆發雖然耀眼，但是終究要靠長久的努力，才能讓能量持續，S再也不是大家望塵莫及的目標。不過這個世界永遠不乏像S一樣能夠驟然吸引所有目光的人，在她之後，我們班又出了另一個老師口中的天才——M（唉！）。M的作品總是在純白的畫布上簡單幾筆，就被老師驚為曠世之作，成為大家公認的另一個傳奇人物。

M除了很有才華之外，還是一位花美男，他有著一頭捲曲金髮，輪廓猶如希臘雕像一樣迷人，說起話來輕聲細語，當時所有老師都對M讚賞不已，寄予厚望。不過在經歷過S之後，我對於這些所謂的「天才」有了另一種體會，不那麼在乎他們，只是按照自己的節奏往前走。

大三下學期，學校指派我和M一起角逐申請全世界只有三十個名額的耶魯暑期獎學金，剛開始所有人一面倒地看好M，沒想到耶魯大學最後選擇了我，跌破大家的眼鏡。

做自己，不做天才！天才雖然跑得快，但永遠會有更快的天才出現，只要穩紮穩打，持續前進，終究會有屬於自己的一片天。一旦陷入和同儕競爭的框架裡，很容易失去自我，一心只想著困住對方，滿腦子都是如何擊敗對手，反而容易亂了腳步。所以，不需要羨慕天才，只要按照自己的速度前進，你也會寫出自己的傳奇。

相信你的直覺，聆聽內心的聲音

直覺是一種與生俱來、人人都擁有的感知能力，它能夠很誠實地告訴你心裡最真實的想法，凡事跟著直覺走就對了！

到底什麼是「直覺」呢？

譬如你認識一個新的朋友，初次見面的時候，都還沒有開口說話，你就能感受到他是個好相處的人，或是一個很龜毛的人。也就是不管面對任何人事物，浮現你心中的第一印象或最初感受，就是一種直覺，有時候直覺甚至是憑空冒出的念頭或想法。

「直覺」是每個人與生俱來的本能，它不是第六感，也不是特異功能，每個人都可以經由時間的累積與刻意的培養，強化自己的「直覺力」。

大學的時候，有一位老師告訴我們，要多多運用「直覺」。「直覺」是比「敏感」更為敏銳的一種感覺，特別是創意工作者，格外需要這樣的能力。但前提是必須意識到「直覺」傳遞的訊息，相信這個瞬間點燃的靈光為我們指引的方向，並且加以善用，如此一來，才能透過「直覺」做出適當的選擇。

例如，你選擇了一個自己沒有興趣的科系就讀，只是為了滿足父母的期待；又或者，你其實並不喜歡現在的職業，但是因為好像找不到其他更理想的工作，所以就勉強繼續；也可能，你認為自己的才能目前無法有所發揮，但是礙於機緣未到，所以只能將就待下來。

可是，每當夜深人靜，你捫心自問這樣的決定究竟是不是最適合自己，也許會聽到心裡有一個微弱的聲音告訴你，這些決定根本都只是一再妥協，害

怕做出改變的結果。其實你的直覺早就在告訴你：「這樣不行！」但我們卻常常忽視直覺發出的信號，像一直把頭埋在沙裡的鴕鳥一樣，不肯面對現實。

用感情這件事來說明「直覺」，其實再明顯不過了。

我在美國的時候，有位親戚介紹了一位家世顯赫的對象給我，希望我們可以交往看看。那個男生的媽媽見過我，對我印象很好，我當時也沒有強烈拒絕，於是就答應試試看，我媽媽甚至為了這件事，特地從台灣飛到美國，和我一起去洛杉磯與對方見面。

坦白說，初次見到那個男生，我就知道彼此並不適合，但礙於雙方家長的熱心撮合，我們兩人也就被動地試著交往。當時我和他單獨吃過幾次飯，一起看了幾場電影，也去逛街、逛書店，盡量把握時間，努力培養感情。一個星期之後，這個男生回到自己的工作崗位，我則飛回紐約，雙方家長都認為這門婚事一定會成功，大家都覺得很放心。

雖然我和他應雙方父母要求，每個星期都會通電話，但我實在對這個男生沒有感覺，我覺得自己應該也不是他中意的人。這樣詭異地長距離「交往」了一陣子，對彼此負擔都很大，有一天他打電話來，聊著聊著就決定來為彼此打個分數吧！

在打分數的時候，我腦中直覺冒出「六十」這個數字，不過仔細想想幾個月來和他的互動，這個男生似乎也沒有什麼很不得體的地方，之前也許是自己太過主觀了，又基於禮貌和客套，最後我違背了自己的初衷，勉強給了八十五分。

我把分數告訴他之後，接著問他：「你給我打了幾分呢？」

當時心想，以我曲家瑞女神級的條件，沒有一百也有九十五，只是萬萬沒想到，電話那端傳來的竟然是六十五分這個答案。

「天呀，這是怎麼回事？你竟然只給我六十五分！」當下惱怒又羞愧，整個人火冒三丈，自尊心受到極大創傷，雙方就這樣斷了聯絡。

其實一開始見到他，我的直覺就知道我們不合適，只是我的理智和我所受的教育，都讓我刻意忽略自己的感受，所以才給了他那個一點都不誠實的分數。幸好對方並沒有因為客氣而說出場面話，現在回想起來，我真的很感謝他這麼誠實地給了我六十五分，不然可能將錯就錯地又造成了一對怨偶。

這件事不只是浪費當事人彼此的時間，甚至連雙方家庭也要一起投入，就因為大家都基於社交禮儀、父母壓力等因素，沒能好好地聽從自己的「直覺」，所以最後就是兩家人在洛杉磯白白地浪費了一整個星期，還有兩個年輕人來來回回、虛以委蛇的電話溝通。

我自己還有一個應用「直覺」的成功案例可以跟大家分享。

有一次我受邀到某大企業演講，結束之後，主辦單位跑來跟我說：「曲老師，這個企業主很喜歡妳，因為感受到妳的真誠自然不做作，不知道有沒有可能，和妳日後有進一步合作的機會。」

我當時有點驚訝，因為我對這個企業完全不了解，也從來沒有參與過這類型的專案，我很老實地對主辦單位提出我的顧慮，但得到的回答是：「沒關係啊，企業主覺得曲老師有別於以前合作的對象，希望能打破傳統，邀請曲老師一起合作。」

他們竟然只憑「直覺」，就選擇了我！

後來我以顧問的角色出席了這個專案的公關策略討論會議，開會當天，我坐在會議室裡，聽完公關公司跟企業簡報的內容後，會議主席詢問我的意見，我一方面想跟他們說出我真正的想法，一方面又想著要不要稍微包裝一下，說說場面話就好了。

雖然我知道如果說出自己真實的想法，可能還得因此不停地被叫來開會、重新提案，不過我的直覺告訴我，經過包裝的場面話對這個企業一點幫助都沒有，也無法做出合適的決定，如果我不說出真實的感受，浪費的不只是寶貴的時間，也枉費了企業主對我的賞識。

在老闆聽過公關公司和設計公司的意見，問我有什麼想法的時候，我有點猶豫地問：「可以直接說嗎？」

老闆回答：「當然可以，我們就是希望聽聽曲老師的看法。」

於是我開始滔滔不絕，把心裡真正的意見一股腦地說出來。說完之後，現場一片鴉雀無聲。我心裡想：完蛋了！從頭到尾都在批評他們，難怪從以前到現在，我和這些大企業的老闆們都沒辦法當朋友。

沒想到，老闆說：「太好了！為什麼曲老師的意見，我們之前都沒有人想到呢？」

會後，公關公司和執行的製作公司都私下來向我道謝。他們說：「曲老師，妳真是我們的救星，妳知道我們已經找了多少位設計師來提案，但每次都被打回票！」

我認為公關公司和製作公司，絕對有自己的專業判斷，但有時因為猜測企業主的期待，為了迎合而放棄最佳方案，結果反而繞了更多路。顯而易見的是，這些公關公司、製作公司，還有設計師們，應該更相信並堅持自己最初的專業判斷（電腦燈泡符號）。

第二年我和這家企業繼續合作，而

且比第一年更順利、更有默契。企業憑藉他們的「直覺」選擇了我，我也坦誠表達我的判斷，幫助這家公司完成了這個案子。

那麼，「直覺」該如何培養呢？我認為應該讓感官開放在各式各樣的刺激中，現代人雖然處在那麼多聲光刺激下，卻常常麻痺封閉了自己的感官和感受。譬如張開眼睛不只是看，還要進一步觀察；張開鼻子不只嗅聞各種氣味，還要能體會氣味本身的細微之處；張開耳朵不只是聆聽聲音，還要能感受這些聲音的變化；張開嘴巴不只說些瑣碎的言語，還要學習在看似平常的對話中提出問題。

試著讓自己保持純淨的心念，且對於世界的不同訊息抱著開放的態度，讓自己經歷各種可能，對世界發出好奇與熱情，試著讓自己專注，慢慢的，直覺的種子就會發芽茁壯，進而成為一個愈來愈敏銳的人。

熱情之所在，自信之所在

從興趣中找到自己的熱情所在，發展成不可取代的專屬優勢，然後朝著這個方向走就對了。

曾經遇過不少已經出社會工作，然後又回到校園讀書的大學生和研究生，其中不乏從小到大按照父母師長的期望，乖乖念書、好好考試，按部就班完成學業的「好孩子」、「好學生」。

這些學生很多是在職場工作一段時間之後，或許遇到瓶頸，抑或發現自己並不快樂，覺得日子過得渾渾噩噩，對人生缺乏熱情，於是決定重返

學校，期望藉著重拾書本，一方面逃避職場上所產生的挫折感，另一方面也希望取得較高文憑，找到更理想的工作，以為這些努力，理所當然地可以讓自己過得更快樂。

遇到這樣的學生時，我總會提醒他們，是否曾經靜下心來好好地想一想自己要什麼？有沒有安靜地聆聽自己內心的聲音？知不知道自己真正擅長的事情是什麼？以及自己真正喜歡做的事情又是什麼？

其中有些人或許曾經試著好好思考自己喜歡、擅長的事情，但最後往往受到社會的主流價值所驅使，還是選擇了較為安全、風險係數較低的路，不去回應內在自我的需求，日復一日地過日子。

我聽過學生跟我抱怨：「我要照顧小孩」、「我要照顧公婆」、「我每個月都要出差」、「我每天都得加班」、「我很忙」、「我沒有時間」……每當聽到學生跟我吐苦水，我總會試著提醒他們，也許要稍微放慢腳步，停下來想一想，自己要的究竟是一個什麼樣的人生？

可惜對多數人來說，準時交作業、順利拿到文憑、找到薪水較高的工作，能做到這樣，對自己和周遭的人就可以交代了。即便不快樂的感覺從來沒有消失過，也不曾感受到對生活的熱情，但走在符合社會期待的主流道路上，卻是最令人感到安全，也是最方便的選擇。久而久之，傾聽自己內心的聲音，實現自我理想，發揮個人特質，成就自我價值等問題，自然漸漸地消失在日日柴米油鹽的瑣碎與忙亂之中。

但是，不去思索那些看似抽象又難以回應的問題，忽略自己內心真實的渴望，只走和大家都一樣的路，追求所謂有保障安穩的生活，是不是真的就能輕鬆自在地過下去呢？對我來說，不論再怎麼無視於自己內心的聲音，在生命的某個時刻，這些被一再壓抑下來的（你應該知道那是什麼），在夜深人靜或是情緒低落的時刻，終究還是會跳出來，逼迫自己做出回應。一個人只有真的找到自己熱愛的東西，投入心力好好耕耘，才是最適合自己的路，也才能夠從中累積出真正的自信，讓生命發光發熱。

我遇過一個曾經任職廣告公司的學生A，工作之餘選擇到實踐大學研究所進修部上課，由於白天繁重的廣告企劃工作，讓他幾乎沒有喘息的時間，幸好他非常喜歡畫畫，所以畫畫就成為他閒暇之餘最佳抒壓放鬆的方法，也因此累積了不少作品。

一開始所有的人都以為A之所以繼續求學，是要補強自己在管理領域的專業，沒想到他竟然跑去讀設計系所，不但對工作沒有太大助益，還冒著可能失去工作的風險，因此大家都不看好。得不到太多支持的A，並沒有因此停筆，憑著一股熱情，他拿著畫筆不斷記錄身邊的人、自己的家鄉，以及生活中遇到的一切，持續了一段時間之後，他決定將這些發展成動畫，等到他著手撰寫碩士論文時，索性向廣告公司申請留職停薪，決定利用這段時間好好專心創作。

A身邊的親友，對於他的決定，都認為實在太冒險，還有朋友笑他太過天真、不切實際，沒有好好考慮現實問題，擔心他可能無法順利復職，說不定還會有經濟上的困難，日後再找工作可不是那麼容易的事！但是A只是淡淡地說：「錢只要省著點用，日子應該還是可以過得去！」

留職停薪的這段期間，A以手繪方式畫出數千張畫作，進而串連成一部精

彩的動畫作品，作者化身成一個小女孩，讓小女孩在大自然中展開一段冒險旅程，這是一部具有環境關懷、人與天地互動等元素所構成的故事。從他的作品中，不僅可以感受到他對藝術強烈的熱情，還要藉此喚起大家對環境議題的關注。最後這部動畫在台灣與國際上獲獎連連，得到許多肯定。

A從一個每天為了生活不得不坐在辦公室的上班族，因為堅持自己的熱情所在，在無人看好的情況下，持續不輟的創作，終於發展出引起國際共鳴的成功作品。在廣告公司工作的那幾年，對他而言，是確定個人興趣所在的起點，他並不因為身邊缺乏支持的人，而輕易放棄，最後終究能夠開創出自己的天地。

A得獎之後，不但有了籌碼，也有了自信，可以全力投入在他最愛的藝術創作裡，如果當初沒有意識到自己對繪畫的熱愛，並好好地回應自己內心的聲音，又怎麼可能會有那樣的勇氣與動力，堅持走上一條大家都不看好的路呢？

透過A的故事，我自己也學到很多，對於自己想做的事、想走的路，有了更清楚的輪廓。

讀到這裡，請深呼吸一口氣，你可以問問自己：

你喜歡現在的自己嗎？

你喜歡現在這個工作嗎？

你想在這個工作中一直做下去嗎？

你當初為什麼會選擇這個工作呢？

如果重來一次，你還會做一樣的選擇嗎？

你看得到自己五年後在哪裡嗎？

如果看不到，那麼十年後呢？

你有勇氣像Ａ一樣回應自己內心的渴望嗎？

一個人的熱情之所在，往往就是自信之所在，每個人都要試著尋找或培養自己的興趣，從興趣中找到自己的熱情，然後好好發展成不可取代的專屬優勢！

再微不足道的「喜歡」，都可能創造出一番事業

需要經得起時間的考驗與失敗的磨鍊，一旦找到熱情所在，加上百分之百投入，這樣的人生，才是最值得的！

前一陣子，有幾位就讀國際貿易系與食品營養系的學生來採訪我，在採訪的過程中，他們問我：「曲老師，好羨慕您可以走自己喜歡的路，這麼多年，是否曾經遇過任何瓶頸，讓您有想放棄的念頭呢？」

我告訴他們：「工作能夠和自己熱愛的興趣結合，真的是一件很幸福的事，所以無論再怎麼忙，我都會打從心裡覺得開心，對我來說，那就是一種正面的能量。」

我又問：「你們有沒有想過自己為什麼會就讀現在的科系呢？」

「填志願時，分數剛好夠。」

「我爸媽要我念這個。」

「讀這個以後工作比較好找。」

「因為不討厭，所以就來讀了。」

學生們嘰嘰喳喳地回答我的問題，但是很遺憾的，我並沒有從他們的回答中，聽到任何一個學生有一絲絲對自己就讀的科系感到喜愛。

於是，我再問：「那你們喜歡做什麼樣的事情呢？」。

「老師，我喜歡『吃』，尤其是甜點！」其中一個女學生有點半開玩笑地回答。

「那妳怎麼不選讀食品營養或和餐飲相關的科系呢？」我問她。

「吃東西這件事，也可以當成工作嗎？」女學生非常疑惑地看著我。

「當然啦！有很多發展性，除了從事食品、餐飲相關的行業外，還可以將吃與很多事情結合，就像美國的知名品牌『瑪莎・史都華（Martha Steward）』，創辦人瑪莎・史都華就是以飲食為起點發展出一系列相關的家居系列產品，教導大家如何過美好生活，所以『吃』這件事其實是有很多路可以走的。」

這就是我很想要跟大家分享的事情，為什麼熱情很重要呢？因為當一個人找到自己的熱情所在，願意花費時間和精力投入深耕，慢慢地就會產生自信，變成這個領域的專家，進而獲得認同與肯定，甚至產生很多實際的價值，就像瑪莎・史都華一樣，創造出自己的王國，產生龐大的商機。所以千萬不要小看自己的興趣，即使是「吃」。

我從小在音樂和繪畫方面都滿有天分。我喜歡彈琴，也喜歡隨手塗鴉，這兩件事情我都很感興趣，也很擅長，而且都能夠從中獲得肯定。但是我自己心裡很明白，其實畫畫才是我的最愛，為了畫畫，我可以義無反顧地投入一切，但是，對於音樂，很大一部分是為了符合父母的期待，我又可以做得不錯，所以才會一直持續下去。

選擇藝術，一路上反對最強烈的，就是我的父母，包括我身邊大部分的人，也都不看好。如果不是因為我對繪畫充滿熱情，怎麼能夠堅持，又怎麼會有那麼強烈的動力和信心，讓我在這條路上耕耘了幾十年，一直堅持下去，絲毫沒有放棄的念頭？

學生們問我：「如果進了大學才發現自己的最愛，還來得及嗎？」

「當然來得及！不過，我必須提醒大家，所謂的『最愛』或是『熱情』，絕不是只有三分鐘熱度，而是經過長時間的考驗與失敗的磨鍊後，自己仍然可以樂在其中，並且願意繼續下去才算。以我為例，我從三、四歲就開始畫畫，經過了這麼多年，我還是從繪畫的過程中感受到很大的快樂與滿足，並且樂於持續不斷地學習提升我的繪畫技術，即使其中曾經歷過很多的失敗，甚至還得長期忍受周遭親友的批評與反對，我卻從來沒有想過要放棄。」

「那麼我們要如何找到自己真正喜歡的事，喚醒自己的熱情呢？」學生再問。

「首先，拋開社會上的定義與價值，找出自己最喜歡，而且願意投入很多時間也不感到厭倦的事情。」我說。

現在有很多年輕人，背負著來自家裡的期望，順從父母的意思選擇就讀的科系，甚至可能走一條完全違背自己意願的道路，他們並不明白，到後來放棄的不只是自己的「天分」，甚至還可能浪費了生命。

我擔任所長的那幾年，遇過很多畢業於所謂一流大學，但非設計相關領域的學生，跑來投考實踐研究所。我問他們為什麼要來念設計，答案不外乎當年為了滿足父母的期望，所以就讀了和自己志趣不符的科系，或是大學為爸媽讀，研究所要為自己讀，不然就是覺得大學四年都浪費了，現在要選擇自己真正想走的路。

很多人畢了業、進入職場就業之後，三天兩頭換工作。這些人很可能是因為沒有忠於自己心裡的聲音，所以一直沒能找到真正適合的領域，這樣的人並不是沒有能力，只是因為一直沒能找到自己熱情之所在，所以無法安於現狀。不少人花了十年、二十年的時間，繞了很遠的路，雖然終究是找到了，但也花了好多寶貴的時間，如果能早一點去做自己喜歡的事，並且有足夠的時間任其發展，不是更好嗎？

當然，選擇聆聽內心的聲音，勇於追尋夢想，經常是要付出代價的，我當年選擇繪畫做為一生的志業，就跟家裡鬧了天大的革命。原本父母對我的期望就是好好地練琴，有朝一日成為專業的演奏家，培養優雅的氣質，未來能夠嫁個好老公，沒想到我的選擇卻跳脫他們的預期與規劃，多年投入心力和金錢讓我學鋼琴，結果我卻選擇了繪畫，根本完全不符合他們的「投資報酬率」，白白浪費了爸媽和我的時間。

我們在做出選擇的時候，可能會遇到很多質疑的眼光，不過，對於追求自己真正喜歡的人事物，這些質疑的眼光，都只是考驗的一種，一旦能夠跨越關卡，你會發現，能夠跟隨自己的熱情，做出回應內心渴望的選擇，才是人生最大的幸福。

最初會開始畫畫，其實只是小時候媽媽打麻將，隨手拿了多餘的麻將紙給我，讓我不要吵她。沒想到我完全沉浸其中，專心得不得了，自此開啟了我與繪畫的不解之緣。繪畫不但成為我人生中最大的樂趣來源，是我心靈的慰藉，還成為我的專業，並且得以透過它去教育和影響更多人。所以不要小看自己喜歡的事情，即使再微不足道或是不切實際，都可能成為激發人生的小火光。

把興趣變強項

找出自己的興趣，讓興趣變成你的專業，只要重視自己心中的渴望，沒有什麼是不務正業。

台灣的教育常常讓學生放棄課外休閒活動，很多人都說，興趣不能當飯吃，學生、老師，還有家長，往往滿腦子只有讀書、考試和分數，因此學生總是被迫忽視自己心中的渴望，很多人都是等到大學畢業，甚至出社會工作後，才開始感到後悔。

我任教的研究所裡，有一個畢業於化工系的學生。這個學生因為學的是化工，所以大學四年幾乎每天都待在研究室裡做實驗，雖然他從高中時期就展現繪畫上的天分，但是因為家人覺得畫畫沒有什麼前途，而且他的課業成績又很優異，所以就配合家人的期望，大學就讀化工系。

雖然如此，這個學生還是沒有放棄繪畫，只要一有機會，他就自告奮勇展現畫畫的才能，像是學校的校刊、畢業紀念冊裡的插畫，都有他的作品。此外，每天做完實驗，下課回到寢室，他就把穿著白袍拿著試管的自己，化身成故事中的主角，開始創作起小人物狂想曲。

大學四年讀完了，這個學生意識到自己無法再忍受背離畫畫的日子，終於下定決心報考實踐大學，想把自己的興趣，變成最愛。

我問過這個研究生：「怎麼現在才決定要走畫畫的路呢？」

他說：「我真正熱愛的還是畫畫，回想起來，我覺得大學四年的時間都浪費了。」

就讀研究所之後，他更加倍努力，創作了很多新的作品，甚至於發展成動畫，後來申請到教育部的海外菁英獎學金，去美國進修了一年，留學期間表現優異，還出版了一本童書。

當這個學生決心回應自己的內心，走上繪畫的路時，能夠申請到海外留學獎學金是一個重要的關鍵，除了展現他的實力，獲得國際肯定，更向他的父母證明，他不只是好高騖遠地在做白日夢。

很多人會說這是一個特別幸運的個案，他們還是會擔心，發展自己的興趣，未來可以做什麼呢？

關於這個問題，我的答案是：無論如何都應該要先回應自己的熱情，問自己到底愛不愛，願不願意不計得失地一直做下去，而不去看社會的評價是什麼，擔心有沒有「錢途」，能不能夠當飯吃。只要努力認真地追尋自己的熱情，我們可以做任何事！以這位學生的例子來說，他可以當藝術家、插畫家、動畫家、童書作家、導演等等，有太多事情是他可以去做的。

其實，這個學生讀了四年化工，對他的創作有很大的幫助，他把生活中的體驗融入作品，理工背景的邏輯性與藝術領域的浪漫結合，讓他的作品有別於其他人，同時加入科幻、自然、探險、天文、星象等元素，創造出自己的獨特風格。

另外有一個例子，是我的一個朋友，他一直很喜歡文學藝術，但同樣背負著父母的期望，於是聯考時還是按照分數填選志願，選了一個符合社會價值，但是和興趣完全不相關的科系，進入國立大學就讀。

上了大學之後，他還是喜歡看舞台劇、電影，時常到戲劇系幫忙繪製設計圖，參與劇場設計的工作。

有一回，他去看了一位知名英國劇場導演來台的表演，表演結束後，他鼓起勇氣拿著自己畫的劇場設計作品給這位導演看，導演看了之後驚為天人，鼓勵他說：「你還在猶豫什麼？快點來英國攻讀劇場吧！」於是他在大學畢業之後，真的去了英國追尋他的夢想。

大學四年，全部課餘時間他都貢獻給了劇場，因此累積了大量的作品集，才能在英國劇場導演出現的時候，拿出自己的作品集，進而博得讚賞。因為他對自己興趣的付出，比平日就在這個專業領域的學生更多，所以後來決定轉攻劇場設計時，得以成功申請到英國倫敦中央聖馬汀大學研究所，期間還去了瑞士、捷克進修。

每個人從小就會嶄露出獨特的天賦與喜好，不要小看任何興趣，試著找出熱情，讓興趣在人生中發揮應有的價值。我們常常在新聞報導中看到有些人繞了很遠的路，到了一個年紀，覺得能夠向長輩或社會交代了，才有機會從事與自己興趣相符的工作，如果能夠早一點，不是很好嗎？

也許因為我教的是所謂「沒前途」的科系，所以體會特別深，直到今天，還是有很多家長會否定小孩的興趣，每個學期都會遇到學生告訴我，父母對於他就讀藝術設計科系，認為是一個不務正業的選擇。

但只要做到最好，不僅所有的興趣都能當飯吃，還可能開創出令人驚豔的人生，就像我的這位朋友，憑藉著熱情與多年的投入，已成為兩岸三地爭

相合作的設計師，作品橫跨劇團、時尚展演等不同領域，甚至受到國際品牌的青睞，這樣的成就，絕對是他的父母當初始料未及的。

我成功，只是因為多了那麼一點點

想要脫穎而出，什麼都必須比別人多一點，而這一點，往往就是致勝關鍵。

現在的社會競爭激烈，如果想要在人才濟濟的環境中脫穎而出，一定要比別人多想一步，多做一點。

有一次，我去師大夜市吃東西，因為客人很多、位置不夠，所以被安排和一個男學生併桌，等餐的時候我就隨口和他聊了起來。

我問男同學就讀哪一所學校，他告訴我是某間國立大學的畢業生。

「你不是師大的學生，怎麼會跑來這裡呢？」我問。

「我來這裡游泳。」男同學說。

「你已經畢業了，以後打算做什麼？」我找話題隨便聊。

「我要去蘇格蘭念數學博士班。」他的臉上露出自信的笑容。

「怎麼會想去蘇格蘭念博士班？」我好奇地問。

「我拿到了全額獎學金。」男學生回答。

「喔，真厲害！」

「我其實連哈佛和耶魯都有申請到，但是因為只有蘇格蘭的學校給了我全額獎學金，所以我選擇去蘇格蘭。」

「你是做什麼研究的？」

「數學運算。」

「你能拿到獎學金，真的很厲害喔！」

男學生笑一笑，告訴我一個訣竅：「全世界懂數學運算的人太多了，妳知道他們為什麼要發獎學金給我嗎？因為我有事先做功課。申請學校的時候，我查了資料，得知下一屆奧運會是在倫敦舉辦，還查到奧運選手村就在我想申請的那所學校，所以我就做了一個提案，內容是幫助他們的游泳國家代表隊做數學運算，推測在不同條件下，游泳選手的表現數據。」

「這樣子做真的有幫助嗎？」

「有啊，例如我可以幫他們計算游泳選手穿什麼材質的泳衣，在水中的阻力最小，甚至可以計算出不同的選手，每分每秒的差距是多少，還包括選手的身長、腿長和手長穿不同材質的泳衣會有什麼樣的差別。我推算出極為精準的數字，可能成為決定選手是否獲勝的關鍵。」他告訴我，就是因為他熱愛數學，也喜歡游泳，所以才會想出這個計畫案。

這個學生的計畫案打動了蘇格蘭的學校，所以不但通過了他的博士班申請，還願意提供全額獎學金。

「現在的學生真的要多用一點腦筋，如果只是寫說貴校多好多好，我很想成為你們的一分子這些話，很難在那麼多的申請人中脫穎而出。我覺得應該反過來想一想，學校為什麼要收你？你能貢獻什麼給學校？學校為什麼要給你獎學金？你能幫助學校獲利嗎？我攻讀的數學運算是十分精細的學科，就算今年無法幫他們的選手奪得優勝，下一屆奧運也有機會，所以這對他們來說很重要。」男同學信心十足地說。

回想和這個男學生的對話，我還可以強烈感受到他當時的熱情，這個男孩子真的太優秀了！現在這個時代，凡事真的都要能舉一反三，求學絕對不是死讀書而已，一定需要知道世界的趨勢，了解別人的需求，進而試圖做出貢獻，才能夠讓死的知識活用，發揮最大的功效，能夠對這個社會或世界產生意義，這才是求知的價值所在。

很多時候，我們都以為成功的人是因為特別幸運，或是因為占有較多資源，所以可以做出傲人的成績。實際上，想要在眾多菁英之中脫穎而出，能夠達到預設目標，經常必須要比別人多想一步，而多想的這一步，往往正是一個人最後能夠勝出、成就目標的關鍵點。

沒有撞牆期，人生不好玩

每次的「撞牆期」都讓人格外興奮，因為我的極限在哪裡？連我自己都不知道。

人生中都會遇到瓶頸，出現瓶頸的時候，可能讓我們原地踏步，摸不著頭緒，找不到出路，無論使出什麼招數，前方就好像有一堵牆似地讓我們跨越不了。以往瓶頸來的時候，總是讓人想逃避，但是無論再怎麼閃躲，我發現只有正面迎戰，才能夠突破瓶頸，進步到下個階段。

還記得剛開始教書時，只是想先做做看，當時的我自信滿滿，覺得自己很行，所以想怎麼做，就怎麼做。那時候並沒有重視所有學生的想法，只想照顧我認為有潛力的學生。人總是喜歡看到好的、棒的事情，想證明自己有慧眼識英雄的眼光，可以從千千萬萬人中一眼挑出那個最特別、最棒的人，而我，就是那個可以識得千里馬的伯樂。

沒想到，我的教學方式及態度卻引起很大的反彈，出現了很多的負面批評，甚至有黑函攻擊我。那段期間，很多人隱身在暗處，虎視眈眈，讓我非常害怕，也很失望，甚至動搖了我對人性的基本信任，開始懷疑起周遭的所有人，不斷猜測究竟是誰在攻擊我，也開始懷疑自己的能力。

走在校園裡與人擦身而過時，如果對方沒有和我打招呼，我就會想：一定就是你！心虛所以裝作不認識我，才不跟我打招呼。如果他友善地和我問好，我又想：是不是你在攻擊我？因為怕被我識破，所以才會裝得這麼親切！總之，我整個人變得神經兮兮，呈現草木皆兵、杯弓蛇影的狀態，每天都過得很緊繃。

漸漸的，我開始想著：我真的這麼糟糕嗎？這件事情要教我什麼呢？我也許在某些地方真的做得不夠好，才會遇到這樣的狀況吧。接著又問自己：為什麼會有這些負面的批評出現？是不是我真的忽略了其他人的感受？沒有關心到他們呢？我的做法是否沒有考慮到他們的立場，所以造成了他們的困擾，心裡覺得不舒服呢？

我開始意識到，一個學校裡，學生這麼多，除了少數特別聰明優秀的學生之外，還有千千萬萬個還不那麼出色，等著被琢磨、被啟發的璞玉。那些天資優異、表現突出的孩子，其實不需要我的關注，他們散發的光芒早就吸引所有人的目光，我絕對不是唯一一個會看到的人，很可能在進入我們學校之前，這些早慧的學生就已經得到很多肯定，我的讚美對他們而言只不過是錦上添花。

反觀那些還在摸索中，還沒有被看見的學生，幫助他們找到自己的人生價值，才是一個老師、一個教育工作者的天職吧！以前在台灣讀國中的時

候，我也曾經是那個表現平平，被老師忽略的學生，當時多麼渴望得到老師的關注，沒想到自己成為老師後，竟然也只把焦點放在少數學生身上。

我開始自我反省，決定要改變做法，這也是我投入教職三、四年之後，第一次想要調整自己的教學態度。經過一次又一次的改變與修正，我慢慢得到學生們真心的回應，透過這些同學的肯定，我才看到身為一個老師的價值所在，對於教學這件事，再次找回熱情。

有一回和即將畢業的學生聊天，其中一個學生告訴我，自己當初會選擇就讀實踐，是因為非常喜歡曲家瑞老師。我當下覺得很慚愧，因為大學四年在校期間，我沒有特別關注過他，和他的互動其實很少。

還有一次，有媒體來系上採訪，其中一位學生在訪談中告訴記者，他在大一的時候，曾經有一位老師對他說：「你真的很棒！你以後一定會成功，一定會成名的！」這個鼓勵對他而言很重要，他會永遠記得這句話。這位同學一邊向記者陳述，一邊把臉轉向我，然後對著我說：「曲老師，謝謝妳！」當下我楞住了，沒想到自己的一句話，對這個學生起了這麼大的鼓舞作用，這讓我決定，以後不要吝於讚美任何人，尤其是學生，老師一句肯定的話，可能大大地影響了他們的未來。

雖然直到現在，我偶爾遇到很出色的同學時，還是忍不住給予更多的關心，不過一意識到我又忽略其他學生時，就會立刻調整，修正自己的作法。

很多人在面對瓶頸的時候，經常選擇離開，對於為什麼會卡在這裡沒有多想，只是一走了之。但是我可能因為從小實在遭遇太多瓶頸，身為家裡的老二，夾在外型和功課都比我出色的姊妹和弟弟之間，就已經是一連串的打擊與障礙，加上選擇畫畫做為一生的志業，更是不斷地撞牆，也就是這樣，我早已習慣與瓶頸共處，一旦遇上，我就開始思考：這次究竟要傳達什麼訊息？完全沒有逃避的念頭。

繪畫是我由衷熱愛的事，但也帶給我最多的瓶頸。每次拿起筆準備畫畫時，我總是感到興奮，就好像一段感情剛開始陷入熱戀的時刻，讓人充滿美好的期待，但是往往沒多久，就會遇到撞牆期。

以前只要一畫壞，我就趕緊拿起筆把不滿意的地方塗掉，或是用畫布把畫遮住，拒絕再看下去。但是現在，一旦覺得自己畫壞了，我會先停下來，好好地看著畫壞的地方，去想想為什麼會這樣，只要能靜下心來，往往會發現自己因為過度自信而忽略的某些重要資訊。

瓶頸的出現常常出人意表，畫畫的時候，有時以為是神來一筆，沒想到最後卻成為敗筆。每當我愈想戰勝自己，愈想畫出前所未有的大作，就愈容易畫出糟糕的作品。彷彿過度求好心切，作品也會倍感壓力，愈是想要證明什麼，作品愈會產生防禦，結果反而兩敗俱傷。

這些年來遭遇過許多瓶頸之後，我體會到，只有放慢腳步、卸下包袱，當作品的成功與否不再是唯一，什麼都

不去預設的時候，才能和作品產生美好共鳴，成就滿意的畫作。

陷入低潮的時候，很多人的第一個反應就是放棄，例如畫得不滿意，就撕掉重畫；工作不順利，就想著大不了不幹了。不過意識到瓶頸來了的時候，我反而會有種興奮感，因為對我而言，這些過程更像是要出現跳躍式進步前的一段助跑，只要能夠撐過撞牆期，突破重重關卡，接下來大的進步就會出現，讓自己提升到另一個層次。

勇敢面對他人的批評

你無法討好所有人，但批評一再出現時，要靜心想想到底怎麼了。

在學校教授設計課程，常常必須就學生的作品提出意見，這對老師或學生來說，都是難得的機會，大家可以互相討論。不過讚美的話、肯定的話，說的人和聽的人總是皆大歡喜，但既然是意見交換，就一定會有不同的觀點，身為老師，我喜歡大家開誠布公地交流，如此才能把我會的教給學生，他們也才能從各方意見中學到東西。

不過，教了這麼多年書，我看過不少學生在面對批評時的強烈反應，有些人如果沒有得到老師的肯定，不是痛哭流涕、難以接受，就是輕言放棄，完全不想繼續，再不然就是變得畏畏縮縮，失去多方嘗試的勇氣與信心。特別是這幾年有愈來愈多畢業自明星高中的學生選擇實踐大學就讀，更讓我覺得很多課業表現優異的年輕人似乎缺乏「好好面對批評的能力」，而這其實是漫漫人生中必備的一種能力。

人活在世界上，不可能永遠只有讚美，沒有批評，雖然忠言逆耳，但如果是真誠的意見，即使當場聽起來讓人覺得難受，卻可能比許多聽來舒服入耳的好聽話，帶給我們更多的養分與學習。我們都喜歡聽到別人的讚美，聽好聽的話，可是，當我們聽到別人的批評時，究竟要怎麼面對呢？

首先，我們必須釐清的是「被批評的對象」究竟是什麼。

許多人往往沒有搞清楚這點，就把他人的批評一律視為是對於「個人」的攻擊，因此很難心平氣和地去了解批評者所要表達的真實意思，產生很多不必要的情緒。就像在課堂上對學生的作品提出看法時，特別是大一剛進來的新生，我總是要事先提醒，我的批評和意見，並不是針對「個人」，完全是著重在「作品」，無論是正面或負面，都只是就作品本身提出我的觀點和建議，絕對不是在評斷個人。

不過，即使都已經特別提醒、再三強調了，很多學生還是對於老師的意見耿耿於懷，尤其是那些在台灣教育制度下的常勝軍，往往更難接受自己的東西沒有獲得肯定。對他們來說，得到讚美是件理所當然的事，結果上了大學之後，不但失去了光環，甚至還得到負評，根本是晴天霹靂，自己的價值彷彿蕩然無存。

這些學生在聽到他的作品被提出質疑或批評時，很容易出現一個極端反應，就是整個人變得小心翼翼。如果被批評的作品是一個比較有想法、比較怪異的，就可能改走保守路線，甚至每踏出一步都要先問：「這樣可以嗎？這個好嗎？」直到得到認同後，才願意去做。

另一個很常見的反應則是立刻放棄，「既然老師說這個作品不好，那

我就不要了！」所以有些學生在得到負評之後，立刻把畫作隨意摺疊，甚至揉成一團，每次下課後看到垃圾桶裡有一大堆被學生丟棄的作品時，我都覺得很難過。

藝術創作是一個過程，創作者必須珍愛自己的作品，即使作品不完美，也是付出心血的成果。如果作品不夠好，可以想想有沒有改進的空間和可能，就算真的沒有辦法再繼續，保留這些創作，不就是個人追尋夢想、學習成長的一個紀錄與見證？那些舉世聞名的大藝術家，在成名之後，他們早期還不成熟的手稿、素描，一樣有價值、有意義，連自己都不珍愛自己的創作，不捍衛自己的作品，遑論有人會欣賞了（我至今仍好好收藏自己讀書時期的所有繪畫呢）。

除了釐清「被批評的對象」外，面對批評的時候，應該要學習分辨「批評的核心訊息」。有不少批評的確是沒有建設性的，對於那些情緒化的、攻擊性的、傷害性的、不理性的批評，我們可以把它過濾掉，確定批評的內容中沒有值得我們靜下心來想想的話，那就不要在意。每天都有成千上萬的訊息不斷湧入，我們有時會對那些讚美正面的訊息視而不見，但卻不由自主把焦點放在負面的訊息上，如何清醒地、誠心地、理性地去察覺出哪些批評是建設性的、出自善意的，是需要學習的，否則如果對所有的批評照單全收，日子恐怕會過不下去。

其實，進入演藝圈之後，我也不可避免地收到很多批評，我發現無論怎麼做，總是有人不喜歡我。記者和媒體對我的報導，還是讓我很在意，難免因此受傷，這時我才意識到，原來，我的這堂課還沒有修完。很久以前，我就知道自己很容易被他人的批評所傷害，別人不經意的一句話，可能會留在我心裡很久很久，這種影響很巨大，我卻一直把它壓在心裡的最底層，以為周遭的人來來去去，我就會逐漸淡忘。但是我錯了，慢慢的，我知道，問題不是別人的批評，而是我自己。

對於別人批評的過分在意，可能是小時候留下的心理創傷，讓我還有一些自卑的陰影。不過，這就是我現在的功課，我必須想辦法好好克服。而我的必修課之一，就是學著不要太在乎別人對我的看法和批評（對啊！我很笨，我很醜！你們都是豬頭！）。

批評的話語雖然不像讚美那麼中聽，不過，有批評總是勝過不予置評。以前有個老師跟我們說過，有些藝術家的作品可能上了媒體，例如：紐約時報。能夠被記者撰文讚美當然好，但即使見報的訊息是對作品的負面評論，也勝過根本沒有評論，如果連被討論的機會都沒有，不是更悲哀嗎？所以有人願意給我們意見，其實都是好事，與其一直活在被甜言蜜語麻醉的假象中，寧願看清自己的問題，勇敢地面對，才不會一直停留在原地。

每個人來到世上，都有必修課，如果沒有真的學到教訓，就會一直因為相同的原因跌倒受挫，而這往往就是老天給我們的功課。人是會改變的，每個人都有自己的想法，別人不是我捏出來的泥娃娃，怎麼可能按照我的意志，控制別人要怎麼想。我們今天喜歡一個人，可能明天就忽然討厭他，就像我在臉書上收到一些粉絲的留言，告訴我他們以前有多麼不喜歡我，現在卻覺得我很可愛。

和大家分享這些，是想讓你們知道，我不是完美的人，我也會因為別人的批評而受傷，不過如果我能努力克服苦惱，從批評中消化反省，變成前進的動力，那麼，你們一定也可以！

生命中不可或缺的獨處時光

學習獨處，學會沉澱，和自己對話，是我們給自己最貼心的禮物。

大家都知道要多愛自己一點，但很多人卻找不到方法。事實上，花時間和自己相處，即使每天只有二、三十分鐘，也都會為自己帶來許多意想不到的收穫。

許多人從沒有為自己而活，總是為了父母、為了子女、為了家庭、為了伴侶、為了朋友、為了工作……但卻經常忘了自己！但是他們總有一天會離開，唯一能陪伴自己到最後的，往往只有自己。

「與自我對話」是人生一個很重要的課題，因為這個世界不會給你任何答案，所有的答案，都要自己去尋找。即使不確定答案對不對，但是透過獨處，學習沉澱，在沒有外來因素的干擾下，人會變得比較平靜成熟，判斷事情自然可以較為理性客觀。我是在國外求學的時候才學會獨處，進而從中體會到獨處的好處。

紐約是個世界頂尖人才匯集的地方，如果能夠在紐約得到肯定，幾乎就等同於拿到站上世界舞台的門票，這也是為什麼很多不同領域的專業人才，包括演員、歌手、舞者、設計師、建築師等等各種專業人士，在成名前，即使得到餐館端盤子賺取生活費，也仍然堅持在紐約待下去，直到實現夢想為止。

二十五歲那年，我從哥倫比亞大學研究所畢業之後，立刻就被爸媽召回台灣，回來之後，我乖乖地參加了每一場爸媽苦心為我安排的相親和工作面試。

沒多久，我收到文化大學的聘書，請我去教授藝術課程。於是我告訴爸媽，我必須回約紐一趟，好準備到學校教書的相關教材，用這個藉口，我離開台灣，一個人溜回紐約。

事實的真相是，當時我對於教學這件事一點信心也沒有，而且對於紐約仍然念念不忘，我的朋友，以及生活所有的重心，全部都在那裡，我根本一點也不想離開紐約回台灣工作。

之所以要逃回紐約，是因為我的心裡隱隱還抱著一絲希望，覺得自己還想追求一個夢想，還想堅持走自己的路。

只是萬萬沒有想到，這一次逃回去之後，就這樣一個人在紐約待了七年。

那段獨自一人在異鄉的日子，並不如預期地順遂，雖然持續創作，但並沒有找到賞識我的人。每天除了畫畫，就是在家看電視，最低潮的時候，甚至還想過要去當個諧星。

當時我寫了很多信回家，信裡總是不斷苦苦哀求爸爸媽媽，請他們再給我一點時間，每次寫信，除了用眼淚擔保，我甚至還會用手印畫押以示慎重，請求爸媽再給我六個月、三個月……的期限，到時候我一定會功成名就，光榮返鄉。

結果七年過去了，我既沒成為一個舉世聞名的藝術家，也沒當上諧星，最後只好收拾行囊，帶著夢想破滅的沮喪心情，再次回到爸媽身邊。

我有一個從美國名校畢業的閨蜜早我一步回到台灣，原本在知名的建築師事務所工作，但是因為現實和理想上的差距而離開了事務所，換個工作環境，沒想到這一換就停不下來，換了一個又一個，卻沒有一個滿意的。

她每換一個工作，都會找我討論，聽聽我的意見。我會根據我的觀察和

判斷，把我的想法分析給她聽。好友後來有一次很訝異地對我說：「奇怪了，妳從來沒有上過一天班，怎麼會對職場有這麼多了解，而且還能說出不少道理呢？」

我告訴她：「妳以為我在紐約都在幹嘛？大家以為這七年我過得輕鬆愉快，其實我一直都在思考這些事情啊！我有好多為什麼，一直想找出答案，我不明白為什麼自己會走到這一步，不懂老天爺為什麼讓我陷入這樣的困境，和自己還有上天對話的過程，讓我領悟出與其不斷抱怨，不如好好地做些什麼。」

待在紐約那七年，有不少親戚朋友雖然嘴上沒說，但心裡都認為曲家瑞根本在浪費時間，不但無所事事，而且還吃爸媽的、用爸媽的，簡直逍遙快活！

其實他們看到的只是表面，實際上，那七年我看似快活，卻過得很痛苦！我每天都在思考，都在和自己對話，一直回想自己的過去，不知道自己為什麼會走到這一步？看不到下一步在哪裡，想不清該何去何從，我不斷地問自己，未來究竟在什麼地方？

那段一個人獨處的漫漫時光，雖然看似無用，現在回想起來，卻讓我很感謝，我從中更加了解自己，也更清楚日後我想要過什麼樣的生活，成為什麼樣的人。**雖然身邊不乏關心我們的親人朋友願意聆聽陪伴我們，但是每個人的生命裡都需要有這樣一段能夠和自己對話，沉澱自己的獨處時光**。尤其是遭遇愈大挫折的人，愈需要鼓起勇氣，能夠面對自己、沉澱自己，讓自己靜下心來，想清楚一些事。

勇於面對自己的過程，很可能花了很多時間，卻未必能夠立刻找到答案，反而只是冒出更多問題。不過，這些問題的答案一定會在不同時間一一浮現，彷彿尋找一片片遺失的拼圖，最後得以拼出完整的自己。

有些人失業、失戀、失婚、失去親人、失去財富……其實失去生命中重要的人事物，並不代表我們的一生就此完蛋，再也沒有價值。我認為一個人在遭遇挫敗之後，只要能把自己整頓好，重新再出發，往往可以走得比那些一路都很順遂的人更快，因為跌倒後再爬起來的人，其實沒有太多時間可以猶豫、可以浪費了。

所有徘徊在人生的分岔路口，處於低潮的朋友們，不妨換個角度來看，無所是事、一事無成的這段時間，我覺得那是老天爺給我們的一個暫停的藉口，讓我們可以把自己一路走來的人生，好好回顧省思一下，練習和自己相處，和自己對話，就當作是送給自己一份貼心的禮物吧。我相信每個人都有無限的潛力，只要能靜下心來，一定能再度找回熱情，開創出屬於自己的人生！

OH!
這個好棒喔!
2014.11.26.H.

這真是太棒了!
你有放感情
在作品裡面!

愛情其實很簡單嘛
不就沙灘 玫瑰 巧克力
胡悠揚

無拘無束的
做自己!

哈
哈
哈
哈哈哈哈哈哈哈哈哈哈哈哈哈哈哈哈哈哈哈哈哈哈哈哈哈哈哈
哈
哈

哇!
這太厲害
葉承霖

150cm.
真的太棒了! Wow!
這我大學都還不懂!
林君叡 Reayo.

喻珮琪
你是什麼高中
王嬿鈞

你看這個幾分?
謝佳霖

你!那個高中!

這個好棒呀

妳什麼高中的?

請先付出，再要求回報

當你覺得全世界都對不起自己時，請想一想，你為疼惜在乎你的人做了些什麼。

全心投入繪畫世界的最初幾年，我的生活也跟著愈來愈封閉，我變得不太想和朋友們見面聚會，整個人滿腦子只有創作。和朋友出去也不知道要聊什麼，那時候覺得全世界只有畫畫才是我在這個世界上的知心朋友，只有畫畫能夠讓我全然放鬆。

那種封閉自我的感覺，其實並不好受，但是走過那段晦暗的時期之後，再回頭看，卻覺得那段時間過得好純粹，生活中除了繪畫，就是和自我對話。

曾經畫過一幅自畫像，作畫的期間，整個人處於一種灰暗沮喪的狀態。那幅自畫像中的我，全裸著身子，雙手手掌朝上，好像在伸手向人乞討一樣，當時我就這樣站在鏡子前，看著鏡中的自己持續畫了好幾個月，事後望著完成的作品，我開始思考為什麼會想要把衣服扒光，拿炭筆記錄全裸的自己呢？

乍看之下，畫中的我伸出了雙手，看起來像是在跟人要東西，但我的姿態跟神情卻非常高傲，彷彿是在跟誰要回屬於我的一切。事實上，作畫的當下，我心裡真實的想法正是認為這個世界虧欠我太多！

有一天，我又坐在這幅畫前面，突然覺得它是不是透露了連我也沒察覺的某些思緒，是否有什麼訊息被我忽略掉了？

也許我並沒有自己想像中那麼怨恨這個世界，對著自畫像，我呆坐了很久，忽然領悟出一個道理——我意識到為什麼總是覺得這個世界虧欠我呢？如果沒有付出過，我又憑什麼要求回報呢？為什麼總是希望別人先對我付出？

畫裡那雙向上攤開的手掌，如果期待能夠得到什麼，是不是要先給出什麼，才有可能得到回應呢？

回想從小到大的成長過程，我生長在一個衣食無缺的家庭，想要什麼，只要向爸爸媽媽開口，一生並未有過什麼天大的煩惱，就連在美國的那些年，從學費到生活費的所有一切開銷，都是爸媽無條件地供應支援。

我並不是一無所有，相反的，我其實得到了太多，但這些習以為常的幸福，卻被我完全忽略，甚至視為理所當然。這麼一想，我便覺得自己不應該再憤

世嫉俗，只等著別人對我付出。

當你忿忿不平，覺得全世界都虧欠你的時候，不妨回過頭來想想，自己擁有什麼，不要一直聚焦在自己缺乏的那個點上，或者是一直跟別人比較。

也是從那個時候開始，我領悟到做人一定要謙卑，在要求別人的時候，先想想自己有沒有為別人做過什麼，是不是做了應該做的事。就像那幅自畫像一樣，我是在扒光衣服之後，才發現了自己的盲點啊（你現在準備好了嗎？一、二、三，脫！）。

所有可能，來者不拒

張開手，睜開眼，放開心，熱情擁抱未來，迎接每個可能，人生的驚喜，就在其中！

從學校畢業後，一個人在紐約待了七年，期間我沉澱、思考，最後又回到台灣，開始另一階段的生活。

回到台灣後，我先舉辦了一個個展，然後又受聘花了八個月在一棟豪宅裡，臨摹米開朗基羅的巨幅畫作。之後在爸爸的公司裡，處理書信、文件資料的翻譯工作，當時的我，就這樣過一天算一天，不知道自己要做什麼，對未來毫無頭緒。

那時候，我姊姊正好任職於建築師事務所，因為工作的關係，認識不少學界的朋友，有一位南藝大的教授知道她有個從 Cooper Union 畢業的妹妹剛回台灣，就告訴她實踐大學正在籌設視覺傳達科系，建議我也許可以去試試看。

我從來沒想過自己會成為一個老師，更沒想到當時姊姊的一個建議，竟然就此改變了我接下來的人生。最初只是為了應付爸媽，所以硬著頭皮帶著作品集去見那位南藝大教授。

我問他，去實踐面試，要準備些什麼？沒想到教授說：「妳的作品看起來很好，不過國外回來的，風格都差不多啊！」教授看了我，跟我說，我唯一要注意的事情，就是去面試的時候，一定要穿全黑的衣服，因為整個設計學院的教授都是一身黑色系的打扮。

回到家裡後，我跟媽媽說：「幾年前奶奶去世時，我們買的那些黑衣

服、黑褲子、黑襯衫、黑外套，全部都拿出來吧，我要穿這些『喪服』去面試。」面試當天，我還特地戴了黑色髮夾，穿上黑色鞋子、套上黑色襪子，甚至還跑去師大附近買了一個黑色的作品夾，就這樣全身上下，一身黑色地去了實踐。

到了實踐大學辦公室門口，當時坐在裡面的主任，從頭到腳地對我上下來回打量，短短二十五秒之後，他說：「好，就是妳了！」我就這樣被錄取了。

直到今天，我還是覺得不可思

議！生命常常給我們很多意想不到的驚喜。上天什麼時候會送我們禮物、禮物的內容是什麼，這些都不是我們事先可以預料的。

這幾年，我在媒體曝光的機會愈來愈多，很多人一定相當好奇我當初是怎麼「走紅」的？其實一剛開始是一位中國時報的女記者，寫了一篇關於我的報導，提到實踐大學有一位「特立獨行的麻辣女教授」，強調這位麻辣女教授與一般教授有很多不一樣，這篇報導出來之後，引起了很多人對我的注意。

由於我和傳統印象中的老師形象差異太大，反而因此而得到關注，甚至受到喜愛，這樣的轉變是我從來沒有想過的結果，當年這篇報導，為我之後的人生開啟了更多新的可能。

報導刊登之後，陸陸續續引起其他媒

體的注意，也開始有製作單位邀請我以老師的身分上電視節目，播出後發現效果很不錯，於是我開始在電視上曝光。雖然最早去參加節目錄影時，身邊的親友也有不少反對聲浪，但是，我並不覺得不妥，反而把它當成人生的另一種體驗，藉此增加各種歷練，這一切就這樣發生了！

這幾年鎂光燈下的生活，讓我有機會可以觀察電視圈的種種。漸漸熟悉這個圈子後，我才發現，演藝圈和我們一般人想像的截然不同，螢幕上的明星、歌手看起來光鮮亮麗，但事實上他們在後台時，可能得蹲在樓梯轉角間等待上場、吃冷掉的便當，還要耐心輪流讓妝髮老師幫他們整理造型。

演藝工作有很多不為人知的辛苦，可是，當攝影棚鎂光燈亮起的那一刻，無論每個人原本處於什麼樣的狀態，都必須立刻展現笑容，呈現自己最好的那一面，這就是演藝圈。我曾經看過一個大哥級的節目主持人，在遭逢母喪的當天，因為需要錄影，除了必須忍住悲傷，裝成若無其事，甚至還要強顏歡笑、嘻笑怒罵，當時我真的受到很大的震撼。看到他這麼敬業，我體會到在這些嘻笑怒罵的言談和五顏六色的聲光效果背後，其實是一種全力付出、兢兢業業的工作態度。

直到現在，還是很多人好奇或是質疑我，為什麼要一直上電視？我總是不厭其煩地告訴他們，上電視沒有什麼不好，都是很有趣的體驗。人生就是要多一點經歷才精彩，想做什麼就去做，有機會就要勇於嘗試，不要給自己任何侷限，也不要因為年齡、性別等外在條件而讓自己裹足不前。

我身邊有一些朋友，每當聽到我提起各種想法時，他們總是質疑。

要出新書？輪得到妳嗎？

要去演講？有人要聽妳說話嗎？

要上電視？妳不怕觀眾轉台嗎？

但是，我對每一個邀約非但不會拒絕，反而會放開心胸欣然接受，勇於把握所有機會去嘗試和體驗。

記得剛回台灣的時候，曾經抱著畫作去出版社尋求機會，但是他們看了我的作品後，表示並沒有出插畫集的打算，不過剛好有另一個機會，出版社問我願不願意參與為一本新書畫插畫。雖然沒能出版自己的插畫集，但我還是樂於接受這個案子。

或許有人會說，對於從來沒做過的事情，如果失敗、搞砸了，會很丟人的！但對我來說，失敗又如何？大家笑一笑也就過了。相反的，如果成功了，不就會是一次很好的經驗嗎？人生的機運往往不是我們可以掌控的，當機會來臨，我們能做的就是好好把握，不要因為害怕挑戰與貪戀舒適圈而裹足不前。

當我們把手張開、把眼睛打開，熱情迎接每一種可能時，我發現，打開了第一扇窗，看到全然不同的寬濶視野之後，這個世界就會為我們開啟更多的窗，所以，不要侷限自己，擁抱所有的機會與可能吧！

PART 3

我的存在雖然渺小，但絕對重要！

成功的必要條件是行動力和堅持

一個人面對問題時所展現出的誠意與態度，扮演著成功與否的關鍵角色。

有一個很有天分，但個性不擅表達的學生，畢業後出國留學，沒多久我就收到他的來信，跟我說他適應得很不好，無法融入學校的環境。我問他：「為什麼你會有這樣的感覺？你自己有沒有主動去找老師問問題呢？有沒有試著和老師、同學多互動呢？」

西方國家的老師們很希望學生能夠多發問，可以解答學生的疑惑，才是身為一個教師最有用的地方，因為能夠直接幫助到學生。像我當年讀書時，經常像個背後靈追著老師問問題，即使現在想想，我的問題有九成都很可笑，但因為我的主動，得到老師很多寶貴的指導。

多跟老師互動的另外一個好處是，因為老師對你有印象，對你的創作也會比較了解，所以在評析你的作品時，就會更深入，師生間的溝通也會更順暢，彼此都能更有默契。我和這個學生分享了自己過去在美國求學的經驗，鼓勵他要勇敢地和老師、同學多交流。

他聽了我的話之後，試著改變態度，下了課有機會，會主動請教老師，有時也把作品拿給老師看，請老師給意見。漸漸的，老師對他有了印象，和他的互動也多了起來。一個學期後，所上要舉辦聯展，老師在徵求展覽海報的主視覺設計者時，第一個直覺就想到我的學生，因為覺得他的作品很符合這次展覽的調性，所以直接把這個機會給了他。

接下這個任務之後，老師不但親自指導，還安排所上的其他教授與他見面，大家都對他的作品留下深刻的印象。因為他的資質真的很優異，受到肯定之後，強化了他的信心，所以能夠放膽創作更加出色的作品，老師們也都看到他的天分和努力，肯定他的表現，所上還主動提供獎學金給他。

這個例子說明，一個人即使有不錯的資質，但如果不積極努力，沒有把握機會，好好表現，讓別人看見你的潛力，那麼也很難成功。不願意主動和別人接觸，不和人來往互動，同樣很難得到機會。所以主動積極和行動力是要得到機會的必需條件，相輔相成，缺一不可。

除了前面提到的兩個要件，有時候，一個人面對問題時所展現出的誠意與態度，一樣扮

演著成功與否的關鍵角色。

有一年，大學部舉辦推甄面試，應考的人程度都很不錯，競爭相當激烈，其中有三個學生一起面試，三個人的成績優異，實力不相上下，他們都來自前三志願的一流高中，讓擔任面試官的老師難以取捨。

後來，我們出了幾個考題，想看看這三個學生的反應，希望藉此決定最後的入選者。

第一個考題是讓三位學生彼此相互評論，針對彼此的優點與缺點做出判斷。

這三個學生都很聰明，知道老師們不會喜歡同學之間互相攻擊，所以都相互讚美對方。

於是，我們又出了第二個題目：請問他們

能為學校做出什麼貢獻。

第一個學生是這麼回答的：「我會把我所有得到的榮耀和學校分享，等我畢業之後，所有優秀的表現，我都會歸功於學校的教導，讓所有的人都知道我是實踐大學的學生。」

第二個學生的回答其實和第一個差不多。

第三個學生則回答：「我將來一定會做一個優秀的校友，然後把賺到的錢捐給學校。」

可想而知，第三個學生的答案更為具體，當場逗得大家哈哈大笑，讓我們印象深刻。

另外一次，我們也同樣面對了三個表現不相上下的學生，這回我們出了另外一道題目。

當時面試的那間教室，屋頂非常高，於是我們的題目就是：請問你有什麼方法可以觸碰到屋頂？

第一個學生立刻笑了出來，以為我們在開玩笑。

第二個學生則是在原地跳了幾下，但實在是觸碰不到，所以也只好放棄。

輪到第三個學生的時候，他竟然起身助跑，跳上了擺在牆角的桌椅，做出灌籃的動作，試著碰到天花板，把在場的人都嚇了一大跳。

結果，我們錄取了第三個學生。

前兩名學生呈現出來的態度是他們認為不可能，所以根本放棄去嘗試。但是，第三位學生，並沒有因為任務看起來很困難，也沒有去想說會不會成功，只是試圖做出最大的努力，奮力一搏，這股傻勁，讓我們見到了他強烈的企圖心與行動力。

一個人千萬不要被眼前的困難打倒，有時候，光是面對問題時所展現出的誠意與態度，就可能成為致勝的關鍵。有行動力，再加上堅持，才能創造機會，成功也就離你愈來愈近。

學會溝通的第一件事：聽&問

主動問問題，加上用心聆聽，經常會有意想不到的收穫。

在捷運還沒蓋好之前，通勤上課對我來說是件很痛苦的事，因為我不會開車，又很常遲到，所以經常要搭計程車趕上課。一開始搭計程車的時候，我對計程車司機總是抱持高度防備，不過漸漸發現，多數司機大哥都很友善，和他們聊天總是很有趣。想吃牛肉麵，他們的推薦從沒讓我失望；選舉到了想預測誰會當選，他們的答案永遠比民調還準確；想知道今天發生什麼事，他們的消息往往比電視還靈通，甚至還有司機大哥光是聽我在車上講電話，就能了解我的個性，還能給我忠告與指引。

就這樣，我養成一上車就跟司機大哥聊天的習慣，過程中我經常可以聽到不同的故事，透過傾聽，往往可以有意外的收穫。

有一次，才剛上車，我就從車內後視鏡瞄到那位司機大哥的眼神非常詭異，充滿殺氣，那時心裡一驚，當下的反應是：完了！快逃！本能地伸手想打開車門走人，但是車子已經啟動，根本來不及下車。司機大哥發現我的舉動，於是對我說：「怎麼樣？妳害怕了嗎？」

我只能硬著頭皮裝傻，笑笑地說：「不會啊，為什麼？」

他冷冷地說：「我從妳的眼神就看出來妳很緊張，妳不

是第一個這樣子的人。」

「啊？」我的聲音開始顫抖。

「因為大家一看到我都是這樣，我已經習慣了。」司機大哥愈說愈大聲。

我心想：完蛋了！我今天一定會陳屍在他的後車廂！腦中不斷浮現報章雜誌刊登的種種殺人情節、恐怖場景。不過我只能裝作若無其事，拿出手機想撥電話給朋友，繼續試著打開車門，同時還要故作鎮定地和他聊天，我問他：「你為什麼會這樣想呢？」

「看看我的頭，妳就知道了。」司機指指他的後腦勺，把頭髮撥開給我看，然後開始告訴我他的故事。

「幾年前我出了一次嚴重的車禍，腦子動了大手術，出院之後再也無法從事原來的工作，生活因此變調，連個性也有了很大的變化，家人朋友都開始疏遠我，最後連老婆也離開我，有時候，連我自己都控制不了自己的情緒。」

當司機大哥開始說起自己的故事時，我察覺到他的心情似乎漸漸緩和下來。我告訴他：「不會啊，你真的一點也不可怕！」雖然這麼說，但是我的手其實仍然試著想搖下車窗，隨時準備跳車。

我跟他說：「剛剛上車的時候，確實被嚇到了，但是，聽你說了這麼多，我覺得你應該要試著和朋友、家人溝通，把自己的感受說出來，而不是一直壓抑自己，對外築起一道牆，對別人充滿敵意。」

我覺得這位大哥好像有很多話想表達，於是就專心聽他講，一路上他滔滔不絕地跟我說個沒完，甚至到了目的地，我還繼續坐在車上聽他說，直到下車的時候，他告訴我：「這麼久以來，妳是第一個願意花時間聽我說話的人。」他的神情明顯比我上車時放鬆了不少，甚至還堅持少收我十五元車資。短短的二十幾分鐘車程，我有機會讓一個長久封閉自己的人願意跟人對話，看到他的反應，我自己也感到很欣慰。

原來有時候只要傾聽，就能減少別人的痛苦，甚至帶來很大的改變。

另外一次搭車經驗讓我更難忘。那天我招了計程車，一如往常，一上車我就開口跟司機大哥聊天，才剛跟他問好，想不到司機大哥的第一個回應竟然是：「妳去網路上查一下，上個月關渡大橋有個計程車司機燒炭自殺，那個人，就是我。」司機先生氣若游絲地吐出這些話。

當時我簡直嚇死了，心想：上回算我運氣好，這次八成死定了。接著司機大哥悠悠嘆了一口氣說：「唉，我的運氣真的很背，連死都死不成，上次是被人發現報警，妳相信我，下一次我一定會成功。」

我一聽覺得更害怕，心想：他不會把我載到海裡，要我陪他一起去死吧？

司機大哥見我沒說話，以為我不相信，對我說：「妳一定要上網去查。」不過，畢竟我搭過那麼多計程車，也遇過各種不同的司機先生，所以我還是鎮定地繼續和他聊天。

「你為什麼要選擇自殺呢？」我問。

「因為生活沒有希望，看不到未來。」

「你不要這麼消極，看低自己，我相信你可以度過這一切，要對自己

有信心呀！」我試著繼續鼓勵他，跟他分享我曾經經歷過的人生低潮，告訴他我是怎麼從谷底爬起來的，他其實並不孤獨，這個世界上有很多人跟他一樣。即使現在被人看不起，只要自己對得起自己，人生總會有改變。

下車時，我請他等我一下，立刻衝到對街的書店，買了一本我的書送給他。我還特地翻了裡面的內容給他看，告訴他剛才我並不是騙他的，我真的有把那些話寫在書裡，同時也為他加油打氣。

他接過我的書時，神情超級凝重，好像真的有千斤大石壓在肩上一樣，然後沒有任何反應就把車子開走。

大約過了兩、三年，有一天，一個學生跑來告訴我：「曲老師，我今天搭計程車來學校上課，司機先生跟我說，他曾經載過一個叫曲家瑞的老師。」

學生說這些話的時候，我一時沒有反應過來，還不以為意。學生繼續說：「這位司機要我告訴妳，他就是曾經在關渡大橋上自殺不成的那個人。」這下子我有點被嚇到，心想：不可能！世界上哪有這麼巧的事情？

不會是他的鬼魂吧！

我趕忙問學生：「他是不是還跟你講說他想自殺？」

學生說：「沒有沒有，司機先生說，當年他很想自殺，是曲老師開導他，幫助了他。之後他就發憤圖強，努力開車，只要載到要去大直的乘客，他就會問他們認不認識曲老師，然後把這個故事告訴乘客。他很希望有一天能夠再載到妳，還說他的願望就是未來要把積蓄捐給實踐大學，因為妳在實踐教書（可以直接匯到我的戶頭嗎？）。」

雖然已經是好幾年前的事情了，但是每次想到，還是覺得很慶幸自己能夠對這個世界產生一些正面的幫助。這幾次的經驗提醒我，溝通可以隨時隨地發生，溝通的對象也不只限於親密的家人朋友，如果能夠多觀察、多傾聽、多提問，不但可以藉此了解對方，甚至還可能在不經意之間，改變一個人的命運。

試著說出心中的想法，才有機會解決問題

不要期待一次溝通就解決所有問題，即使過程中免不了有摩擦或衝突，也都勝過拒絕溝通。

有一回我到某個基金會演講，演講結束後，有一位打扮時髦、談吐優雅的媽媽主動來找我，跟我說出了她的煩惱。

她說：「曲老師，我有一個很優秀的兒子，長得比言承旭還要帥，從小到大功課都非常好，建中畢業後又考上台大，真的是讓父母引以為傲的小孩。不過，直到上了大學，都沒聽他交過女朋友，所以有一次趁他不在家，

我和我先生就私自打開他的電腦，結果竟然發現他的電腦裡全部都是各種男性的照片，把我們夫妻倆嚇了一跳。

「問過兒子之後，他對我們擅自打開他的電腦，偷窺他的隱私非常生氣，然後就開始和家裡疏遠。為了安撫他，我只好苦口婆心地勸他，告訴他我支持他，會幫他在爸爸面前說話，於是兒子就對我出櫃，向我表明他是同性戀。確認之後，我把兒子是同志的事情告訴先生，沒想到先生完全不能接受，氣得對孩子破口大罵。這下子兒子覺得我背叛了他，對我很失望，然後就再也不和我們溝通。現在孩子已經升上大三，卻和我們形同陌路，整個家庭的氣氛糟糕透頂，我覺得我都快要瘋了。

「曲老師，我該怎麼辦？我現在的想法已經改變了，我願意接受他的性向，只希望他回來。」這位媽媽愈講愈傷心，眼淚掉了下來，情緒顯得相當激動。

「妳有讓兒子知道，妳願意接受他的性向了嗎？」我問。

「我跟他說過了，但是他爸爸還是不能接受。而且，我們其實還是希望有一天，兒子能夠變回『正常人』。」這位媽媽一邊哭一邊說著。

「那就對了！如果爸爸的態度沒有改變，對妳兒子來說就是一樣的情況，而且，從妳的談話中，我可以感覺到妳只是希望孩子回家，但是心裡還是認為喜歡同性的他，不是一個『正常人』，沒有辦法接受他的同志身分。如果家長不能打從心裡接受自己的孩子，小孩是可以感受得到的。」

我還遇過另外一個例子，是我的一個學生，這個男學生每天上課總是隨身拖著一個大行李箱，行李箱裡裝滿各式女裝、女鞋、假髮、化妝品以及飾品等行頭。他每天早上到校時，就像個普通男孩子，不過要不了多久，就會化身成一個甜美可愛的女生出現在課堂上。變裝後的他，穿著打扮可比多數女生還要秀氣妖嬌，一點都不輸給班上其他女同學。

這個男同學的家裡是做小生意的，因為工作忙碌，父母跟孩子的互動不多。有一天爸媽提早回家，媽媽在男同學的床底下發現一大堆女孩子的衣物

用品。那天當這個男生回到家的時候，父母就坐在他的房間，把他珍藏的那些衣服用品堆在床上，爸爸手上拿著剪刀，威脅男學生說如果他不把這些東西都銷毀，當場就要全部剪破，完全不聽任何解釋，這個男生只好答應會把這些東西全部處理掉，再也不會讓父母看到。

男同學的父母以為這麼做，自己的兒子就再也不會打扮成女生，卻不知道他們的作法只是讓兒子明白了父母強硬的態度，覺得沒必要跟他們溝通，從此隨身帶著這些行頭，以免哪天再被爸媽看到。

台灣真的有很多家長只重視孩子的課業分數，從來沒有好好傾聽孩子心裡的想法。在這樣家庭中長大的孩子，對於父母不是封閉自我、拒絕溝通，就是大唱反調，否定父母所做的一切。其實這對父母在發現兒子的特殊品味時，如果能夠先放下成見，聽聽孩子的想法，接受孩子的選擇，也許時間久了，孩子覺得沒意思，也就沒了興頭。

在不傷害別人的前提下，一個成熟的社會應該可以包容各種可能，尊重每個個體自我的選擇，如果這對父母能夠打破成見，深入了解兒子之所以會喜歡 cosplay 的原因，也許可以讓小孩發展出獨一無二的專業。可惜因為太過在意外在社會的評價，或是因為對陌生事物的抗拒，害怕孩子不符社會期待的行為會讓他們沒有面子，因此強力打壓孩子的個人意志，結果不但失去與小孩一起成長的機會，也失去孩子的心。

現代生活每個人都承擔著各種壓力，父母拚命賺錢，希望提供孩子最好的物質，孩子們則必須肩負著父母的期望，努力讀書，以求進到好學校，親子間反而沒有其他的交集，因而產生許多問題。想要打破鴻溝，唯有真誠接納，不設前提，誠心開放，才能夠與人溝通，否則只不過是在說教罷了。

孩子們一旦得到家長的關懷與接納，就會有更多力量與勇氣，走出自己的路。如果家長可以暫時放下父母的威嚴，多注重孩子在課業成績以外的所有事情，好好聆聽他們的心聲，關心他們的需求，親子間溝通的橋梁才會建立起來。

反之，身為孩子也要打開心胸去了解父母的意思，不要一開始就採取叛逆排斥的態度。很多人都會覺得爸媽根本不懂自己在想什麼，說了也是白說。但是我認為與其拒絕溝通、讓問題擱在那裡，不如試著說出心裡的真正想法，反而更有機會把問題解決。不要期待一次溝通就解決所有問題，溝通經常是一個反覆來回確認的過程，但即使過程中免不了有摩擦或衝突，也都勝過拒絕溝通。

記得我申請大學選擇藝術系時，我的父母最初也完全不能接受，甚至表示要斷了我的經濟來源。雖然申請到的 Cooper Union 有全額獎學金，但是註冊時需要繳交一筆大約美金三百五十元的費用，如果沒能及時繳納，入學資格就要被取消。那期間，我一直避免和父母溝通，因為每次一談到這個議題就會起爭執，不過掙扎了一陣子之後，我決定不再逃避，打了越洋電話回家親口跟爸爸說明，希望他們給我一個機會，如果我真的不適合念藝術，一個學期之後就自動休學，在我懇切的請求下，爸爸總算鬆口同意。

掛上電話之後，我有點驚訝，沒想到事情可以這麼簡單，去面對、去溝通，並沒有我想像中的可怕。有時候因為擔心對方不能接受，寧願默默承擔，或是不願據實以告。其實把真實的想法說出來，即使未必得到認同，但至少有了互相理解的可能。

無論如何，都要記得打開自己，不先預設立場，才會互相理解，讓交流產生意義，唯有不設前提，才能真正達到溝通的效果。我們可以有自己的定見，也必須騰出空間去容納不同的聲音，即使別人的觀點和我們相左，也要有耐心和肚量聽聽他們的說法，願意溝通是處理問題的第一步，走出了這一步，事情才會有轉機。

莫忘初衷，永保好奇

很多人問我為何總是青春洋溢？我想是因為我總是不替自己設限，時時都有一顆好奇心吧！

很多人都好奇我怎麼會有這麼多時間和精力去做很多事情？既要教書，又要畫畫，還有空上電視，我的時間到底如何管理呢？其實我和所有人一樣，一天都是二十四小時，只是因為一直鼓勵自己不要害怕嘗試，也不要替自己設限，所以才有機會去經歷很多不同的事情，累積不同的經驗。

每個人有的機會與可能性都差不多，重點是願不願意邁開腳步，有沒有敞開心胸去迎接每個機會與可能性。

如果你看過我的履歷表，會發現我有很多不同的身分，除了是一位在大學授課的老師外，我也是一位藝術家，策劃過設計展、藝術展及動畫影展等，而且，我還有一個很特別的身分——二手娃娃收藏家。

從我最早開始收集二手娃娃，至今已經超過二十年了。最初開始收藏這些二手娃娃的原因，只是單純喜歡而已，從來沒有想過收藏這些娃娃會變成一個專業，甚至有機會應邀展出。

我的個性很專注，也不太在意別人的眼光，我收藏的那些娃娃，絕大多數都是從二手市集中收購來的，是別人丟棄不要

的。不過我卻特別喜歡這些二手娃娃，很多人都覺得納悶，這些又髒又舊的破娃娃，有些看起來還挺嚇人，為什麼會這麼吸引我？其實一開始我也有點害怕，不過後來從這些娃娃身上，我彷彿看到人生的變化無常，想像他們一路從光鮮亮麗時被捧在手心，到後來漸漸老舊而被丟棄遺忘的過程，就好像體驗了不同的人生。

多年前全球忽然吹起卡漫、動漫、公仔的風潮，我這些無心插柳而累積的收藏，還因此被邀請到國外參加展覽。不過，我並沒有因為多年的收藏突然受到重視，開始去尋求較為名貴的娃娃，我還是希望自己能保有初衷，一直惦記著最初單純只是喜歡，而把這些二手娃娃帶回家的習慣，繼續與那些被遺忘、渴望再次為主人帶來歡樂的身影不期而遇。

做什麼事情，初衷很重要。無論外在環境怎麼變化，或是別人怎麼評論，都不要忘記最剛開始的心情。當初很多人覺得我恐怕是瘋了才會收集這些看起來既不美也不值錢的娃娃，不過我因為收集這些娃娃，得到很大的喜悅和收穫，既打開我原本封閉單一的世界，也開拓了我的心靈跟視野，讓我懂得去珍惜。而且還體會到，不必在意自己是否走在所謂的「潮流」上，只要專注自己喜歡的事，一定可以發展出意想不到的樂趣。

此外，也要對世界保持好奇心。

我一直是個好奇寶寶，譬如坐計程車時，我一定跟司機大哥聊天；去夜市吃路邊攤，也會跟老闆哈啦，所以可以知道很多小市民的心聲；去超市購物時，觀察商品擺設，就能了解現在什麼最夯，什麼已經快要被淘汰了。時時帶著一顆好奇心去觀察體驗，雖然未必能有什麼立即的具體效益，但是一點一滴的累積，或許有一天，這些不知不覺中留下的經驗，就會派上用場。

記得小時候，走在路上我總是東張西望，對經過的各種景觀好奇不已，當時我媽總是唸我走路不專心，長了一個「外精神」。沒想到這個習慣，反而培養了我特別敏銳的觀察力，現在我媽終於知道我當年的「外精神」，可是不可多得的天分。

投資自己，並不一定需要花錢，就像我平常出去逛街，身上可能一毛錢也沒帶，但我總是可以有很多收穫，心滿意足地回家。因為我總是時時刻刻打開心眼，去感受我生活的地方，還有周遭的人、事、物。

我喜歡觀察馬路柏油的鋪設，思考為什麼台北市的斑馬線永遠那麼歪七扭八？記得參加過台北市的路跑活動，整場跑下來，我還以為這是障礙賽。十年前在韓國釜山旅遊時，看過修路的工人施工，鋪出的柏油極度平整，畫出的斑馬線筆直美觀。即使是修路的工作，日本、韓國師傅的專業精神與專注態度，會讓人由衷敬佩。為什麼台北市民卻可以忍受走在高高低低、彎彎曲曲的馬路上？天天看著那些滴滴答答的油漆痕跡？看來我退休之後的事業第二春，已經有譜了，我有信心憑著曲老師幾十年的專業畫家水準，可以畫出超越韓國、日本的斑馬線。

曾經有人問我：「曲老師，妳之所以這麼青春洋溢，是不是因為時時保有一顆好奇心？」我覺得只要願意敞開心胸、打開感官、培養自己的觀察力、留意生活中的小細節，就會發現生活到處充滿新奇的趣味，如此一來，心情開闊，就會有滿滿的正能量，人自然就年輕了。更重要的是，無聊乏味絕對不會找上你。

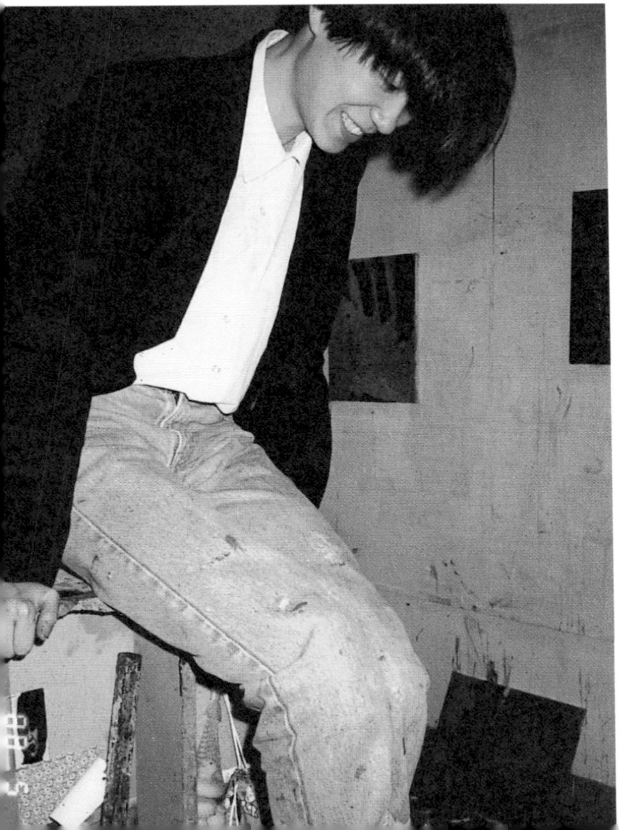

無論幾歲，都要為自己而活

不要被年齡限制，人生有無限的可能性，勇敢跨步就能發現新契機！

很多人在路上遇見我，都會來找我簽名，有些除了要簽名之外，還常聽到粉絲對我說：「曲老師，謝謝妳！妳讓我明白人生還有許多種可能性！」而第一個對我說這句話的，是一個年輕女孩。

我問女孩在哪裡上班，她說在內湖科技園區的某間公司擔任櫃檯。這個女孩告訴我：「我以前總認為自己已經二十幾歲了，在工作上卻還沒有任何成就，好像很糟糕。但是曲老師的話改變我的想法，現在我覺得我才二十幾歲，不必去恐懼未來，就算到了三十歲、四十歲，我還是有無限的發展可能。」這樣的想法真的很棒！

有一個週末夜，我在一間餐廳用餐，隔壁桌有兩個年輕時尚的女人很興奮地要跟我拍照，還跟我聊天，聊到高興時，叫我猜她們的年紀，我仔細看了一下，回答說大概二、三十歲吧，結果她們聽了之後好開心呀！原來，她們一個將近四十，另一個已經四十出頭。我問她們怎麼週末夜晚沒跟男朋友約會呢？反而被她們笑說：「嘿！曲老師，妳不是說，女性不要太在意世俗的眼光，更無須把自己侷限在社會既定的框架裡嗎？」她們說我讓她們了解到，雖然已經是年屆不惑的單身熟女，但未來仍然充滿各種可能性。

可不是嗎！誰說四十歲就不能有夢想？誰能告訴我四十歲應該看起來是什麼樣子？誰說女人到某個年紀就一定要結婚？我周圍有許多像她們一樣的單身熟女，雖然沒有找到理想對象，但也不會為此感到沮喪，依然積極地體驗生活、實現自我。

這是我和我的女粉絲常有的對話，不過，如果是男粉絲的話，每次遇到我，雖然也是很興奮地跟我要簽名、要合照，但最常聽到的就是：「曲老師，如果我大個十歲（或二十歲），我一定追妳！」每次聽到這個，我就不免心裡嘀咕：為什麼一定要大個十歲、二十歲呢？現在也可以啊！這其實是很常見到，對什麼年紀才能做什麼事的刻板印象。

我還有一個故事可以分享，那是在美國認識的一位讓我很欽佩的老媽媽。

曾經有個朋友，他的父親是醫生，母親是護士，母親婚後便辭了工作，留在家裡相夫教子。朋友的父親八十歲過世時，遺囑交代所有的遺產全部留給母親，沒有一分一毫留給孩子。當時，我的朋友跟他的兄弟姊妹們都想不透為何爸爸把全部財產都留給媽媽，不過，我更好奇的是，繼承了一大筆遺產的老媽媽會怎麼運用這筆錢。

沒多久，這位老媽媽開始了自己一個人環遊世界的計畫，花了兩個月的

時間，從美國出發，到歐洲、亞洲各地旅行，又坐船又搭飛機，玩得不亦樂乎。旅行回來後，她迷上歌舞劇、舞台劇，到處去看表演，後來還跑去美術館當志工。老媽媽每天的生活過得充實愉快，跟年輕人沒兩樣，一點都不像是將近八十歲的老太婆。

老媽媽後來把屬於爸爸的東西全部清空，再也看不到爸爸生前的任何物品，整個家徹底變成了「媽媽的家」，把我的朋友和他的兄弟姊妹們都嚇傻了，不知道接下來他們的母親還會做出什麼事來，結果，老媽媽交了一個男朋友。

朋友和兄弟姊妹們一開始完全無法接受，甚至連堂叔、表叔等等一大堆遠房親戚都覺得不可置信，大家擔心母親的男朋友會把所有父親留下來的遺產騙走。

一年之後，他的母親決定再婚，全家人簡直快要瘋了，大家都認為母親的男朋友一定是為了錢才要娶她，所以極力反對這樁婚姻。但是老媽媽堅決地告訴孩子們：「我這一生都為了家庭，現在起，我要為自己活，過自己想要的生活。」當我聽到這件事的時候，我覺得他母親的選擇並沒有錯。

老媽媽再婚後，我跟著朋友去探望她，也見到她的丈夫。我看見兩個八十多歲的老人相互扶持，彼此照顧，他們會手牽著手，一起去市場買菜，一起外出散步，下午四、五點的時候，老媽媽就端上一杯馬丁尼，慢慢走到後院的花園裡，老先生看到了，緩緩地跟著出去坐在她身邊，兩個人就這樣靜靜地喝酒，傍晚的夕陽映照在他們倆的身上，那景象真的是美呆了，感覺真的好棒！老媽媽如果在廚房做事，老先生就坐在客廳看書。老先生有重聽，和他們一起吃飯的時候，雖然老先生根本聽不清楚老媽媽說的話，但我卻可以感覺得到老媽媽的幸福和開心。

老媽媽曾和我說過，她其實只是想找個伴而已。和以前當醫生的丈夫，從來沒能過像現在這樣的生活，醫生丈夫永遠都在批評她，她只能默默地待在家裡，煮飯洗衣，照顧孩子。可是，現在的先生很體貼，總是靜靜地陪在

她身邊，她很滿足於這樣的生活。

就這樣，他們度過了幾年相當幸福快樂的時光，後來老先生的身體狀況漸漸不好，老媽媽扛下照顧他的責任，沒多久，老先生過世了，老媽媽又恢復一個人的生活，還是一樣健康快樂地過日子。

等到老媽媽也走了之後，遺產留給了幾個小孩，當大家看到遺產的金額時，才發現原來媽媽根本沒有花什麼錢，是他們錯怪了媽媽，以為媽媽很自私，只顧自己享樂，一定會花光爸爸留下的錢，在媽媽生前還不斷和她爭吵、惹她生氣。

這位老媽媽就是「人生八十才開始」的最佳例子。我還記得，每次去紐約拜訪她的時候，她永遠精力充沛、健步如飛，總是對我喊著：「Kristy，我們一起走吧！快點！」她會帶我到處看展覽，聊各種時事話題，一點也沒有與社會脫節，甚至比年輕人的見解還要敏銳，對我而言，她就是那樣快樂自在，又充滿自信的人。

我的朋友提到以前父親還在世的時候，他媽媽其實不是這樣的，他們是很傳統的家庭，爸爸很有威嚴，在父親面前媽媽永遠沒有聲音，不許有自己的意見。爸爸過世之後，他覺得媽媽就好像重獲新生一樣，這時他才看到媽媽活潑開朗的那一面。

人生本來就有很多可能性，我從來不會為了年齡的數字而感到擔心害怕，我真心地認為，無論男女，人都不應該受到年紀的影響而自我設限，不管你現在是幾歲，都不要放棄任何一個快樂的機會。

特別感謝

本書各標題上方曲老師的畫像與曲老師塗鴉牆作品，是實踐大學媒體傳達設計學系一年級同學們的作品！

林宏叡　簡林佳儒　林書婷　陳繪羽

鄭詠恬　趙子翔　顏毓嫻　陳毓庭

彭方怡 王嬿筑 蔡佳錡 陳雯婷 戴國竣 劉宇涵 高依庭 高巧蓉 王映絜 喻珮琪

顏岳峰 林盈縈 簡益昌 丁寧 楊旻昊 李語豪 鄭君瑩 林澄紹 林重佑 劉晉豪

許瑋庭 劉靜怡 徐子恒 陳俋慈 黃朝群 謝佳霖 黃藺萱 孟子鈞 李心壹 譚筱柔

王薈如 楊宜靈 吳若筠 張元榕 吳怡嫺 陳椀愉 董泓逸 梁嘉豪 紀埕棏 胡悠揚

國家圖書館出版品預行編目資料

誰說我沒有影響力 / 曲家瑞著 . -- 初版 . -- 臺北市
: 平安文化 , 2015.01
面 ; 公分 . -- (平安叢書 ; 第 464 種)(Forward
; 44)
ISBN 978-957-803-940-7(平裝)

1. 自我實現 2. 生活指導

177.2 103025330

平安叢書第 0464 種
Forward 044
誰說我沒有影響力

作 者—曲家瑞
發 行 人—平雲
出版發行—平安文化有限公司
台北市敦化北路 120 巷 50 號
電話◎ 02-27168888
郵撥帳號◎ 18420815 號
皇冠出版社 (香港) 有限公司
香港上環文咸東街 50 號寶恒商業中心
23 樓 2301-3 室
電話◎ 2529-1778 傳真◎ 2527-0904
責任編輯—張懿祥
美術設計—程郁婷
文字整理—廖慧君
著作完成日期— 2014 年 11 月
初版一刷日期— 2015 年 01 月
初版九刷日期— 2015 年 12 月
法律顧問—王惠光律師

讀者服務傳真專線◎ 02-27150507
電腦編號◎ 401044
ISBN ◎ 978-957-803-940-7
Printed in Taiwan
本書特價◎新台幣 299 元 / 港幣 100 元